河合敦
房野史典——著

日本史新解

超現代語譯的歷史奇遇

楓樹林

前言

我寫了一本有趣的書。

不管是在諧星界還是一般社會，要是用「我跟你說，我之前發生一件很有趣的事……」這句話當開場白，那就太糟糕了。代表說話的當事人設定了一個有趣的標準，而他不曾見識過比這個標準更高的場面。

這種談話架構只能夠打零分。「發生了一件有趣的事」是一句詛咒。所以，我要再說一次。

我寫了一本有趣的書。

我勇敢打破了這個禁忌兩次，大家可以誇獎我了。

不是啦，搞錯了，我不是要用這種方式打書。

就算我不斷空洞地呼籲「這本書很有趣！」也無法吸引你往下看。我應該要介紹這本書的內容。

讓各位久等了，接下來才是真正的「前言」。

抱歉，我太晚自我介紹了，我是愛死歷史、出版過好幾本歷史解說書的吉本興業諧星，Broadcast!! 的房野。

這是一本日本史的入門書。

這本《日本史新解：超現代語譯的歷史奇遇》，一股腦塞滿了趁我們這群大人不注意時默默更新的歷史，將令人費解的歷史解說消化成簡單的解釋。

這本書的架構相當單純，由房野我先寫，再由河合老師寫出詳解，出爐的文章由你來讀。你覺得很有趣，推薦給別人，這本書暢銷，就這樣。

這就是本書的架構。

房野我負責的是書名中的「超現代語譯」，大致來說就是「複習的部分」，告訴各位讀者「這件事是這樣發生的喔」，請大家再次確認知名的歷史人物和事件的內容，當作閱讀河合老師的部分之前的預習。

其中也會不時提到一些最新的研究，但這只是我個人消化眾多歷史學家、歷史研究家的研究結果後，所做的簡單解說。不過，這都是我絞盡腦汁寫出來的，好讓更多人可以輕鬆閱讀、產生興趣。

河合老師的部分是「最新歷史研究」。這部分有趣到連喜歡歷史的我也興奮得讚嘆不已。河合老師連我丟出的刁難致命傳球（問題），也能流暢地回答，他還大方地傳授現階段所有最新的歷史研究，而且選的內容不會太過偏門，可以引起大家的興趣。能夠做到這種程度的，只有我（擅自在心裡）尊稱為師父的河合老師了。

我打從心底希望大家現在就能馬上進入本篇。

「前言」要是寫太長也很那個，所以後面是寫給願意繼續看下去的讀者。我要再多傳遞一些訊息給如此奇特的你，當作「前言」的結尾。

●給成年的讀者

近年歷史研究的發展十分出色，大家在學生時期讀的課本與現在的課本，有很多地方寫的完全不一樣。不僅如此，還陸續有新的說法尚未反映在現在的課本裡。沒有接觸過的領域知識激發了我求知的好奇心，讓我想要跟大家分享歷史的話題，所以才寫了這本書。

如果我們有機會見面，再讓我聽你談談你熟悉的領域話題作為交換吧。

●給熟悉日本史的成年讀者

本書收錄的話題，你或許都已經知道了。所以我要拜託你這位歷史博士，為了「更進一步將歷史的趣味廣傳出去」，希望你能成為本書架構的一部分，幫忙擔任推銷大使，告訴大家「這本書很棒喔」。麻煩你了。

●給還在上學的讀者

當你在看這本書時，可能會遇到有點艱澀的詞彙，不只是歷史用語，應該也會有一些比較難的詞語和句型表現。

這時，要請你翻開字典或上網查詢這些詞，很抱歉讓你做這麼麻煩的事。不過，重要的是故事的脈絡。什麼人因為什麼心思去做了什麼事，最後得到什麼結果。雖然艱深的文章可能會妨礙你讀下去，不過你可以之後再完整理解這些詞句也沒有關係。

我希望你能先知道故事。各時代的人都有各自不同的想法，請你一定要了解清楚。如果，你查字典查上了癮、愛上了閱讀，叔叔我一定會開心到哭出來（還是說你在看這本書的時候，本來就喜歡閱讀了呢）。

那麼，就請大家進入本篇吧。

房野史典

PART 1 飛鳥時代～室町時代

PART 2

戰國時代／安土桃山時代

PART 3

江戶時代／幕末

插圖　川崎タカオ
本文設計・ＤＴＰ　辻井　知（ＳＯＭＥＨＯＷ）

PART 1

飛鳥時代～室町時代

第一節課　飛鳥時代

古代史第一位英雄聖德太子，從小學到高中存在感漸漸薄弱……

年表	主要歷史大事
587 年	蘇我馬子消滅物部守屋
588 年	開始建造飛鳥寺
592 年	蘇我馬子暗殺崇峻天皇
603 年	制定冠位十二階
604 年	制定憲法十七條
607 年	遣隋使（派遣小野妹子前往隋朝）
	（據傳）建立法隆寺

房野

這跟我聽到的不一樣。

就算沒有說出口，肯定每個大人都曾經想過這句話吧。

送上桌的餐點跟菜單裡的照片差太多。

明明說過服裝輕便就好，結果當天才發現大家都穿正式的服裝。

不是說今天在町田集合嗎？蛤，是田町？諸如此類的。

這種因為資訊落差讓人想要尖叫的經驗，應該不只一兩次。

但是啊，不是只有大人才會說「這跟我聽到的不一樣」，至少現在，小孩在學校也會遇到這種現象。

這都多虧了**聖德太子**。

你是不是想問：「是那個聖德太子嗎？」對，就是那個聖德太子。

這位日本史上的超級名人到底發生過什麼矛盾，讓小孩也吃驚呢。

這就說來話長了……

不過在這之前，我們先來回顧一下聖德太子輝煌的功績吧。

聖德太子在20歲時，成為推古天皇的攝政。

攝政是在天皇年幼、天皇是女性或病倒時代理執政的職位，所以他在非常年輕的時候就負責處理國家大事了。

之後，他得到蘇我馬子的協助，制定了劃時代的政治體系**「冠位十二階」**和**「憲法十七條」**。

「冠位十二階」並不是朝廷依照地位賜予名字和特權的世襲氏姓制度，而是依能力來錄用人才，並賜予紫色或藍色等冠位。「憲法十七條」則是「一曰：以和為貴……」規範豪族身為官吏所需要的道德心態。

聖德太子藉由這兩個制度，將聯合政權（大和政權）下勢力龐大的豪族視為官吏，目標是達成以天皇為中心的中央集權。

就算只做到這一步，也一定會名留青史。但是，聖德太子的立場並不是只有這樣而已。他竟然還派了**遣隋使**，前往日本一直以來朝貢的**亞洲霸主隋朝**，說服對方建立平等的外交關係，簡直讓人嚇到腿軟又嚇破膽。

但聖德太子的氣勢依舊銳不可擋。

有一天，他答應聆聽民眾的陳情。在場的十個人認為機不可失，便七嘴八舌一起說了起來……但他沒有遺漏任何一個人所說的話，只聽一遍就馬上給出確切的答覆。

又有一天，聖德太子在各國獻上的數百匹駿馬當中，發現了一匹神馬，於是交給部下飼養。

幾個月後，聖德太子一跨上馬背，

居然就飛上天了。

他直接飛越了富士山、遠至信濃國，整整三天後才回來。**他是政治和外交兼顧，甚至還能飛天翱翔的古代第一位超級英雄。**

他就是，**聖德太子**。

怎麼樣？你是從哪一段開始覺得「少騙人了」呢？

一次聽懂十個人說話、騎馬飛上天，這些就是傳說嘛。但是在這之前的資歷呢？你認同聖德太子發動的諸多改革**「的確很了不起」**嗎？

如果說，這些事業其實並不是由聖德太子率先開創的呢——

現在我們才要正式進入「這跟我聽到的不一樣」領域。

冠位十二階、憲法十七條、與中國的外交，若要問聖德太子究竟涉入多深……其實沒有確切的答案。

聖德太子的事績（事業與功績）是《日本書紀》虛構出來的，雖然歷史上的確有廄戶王（聖德太子本名廄戶）這個王族，但他們並不位處於政治中心——這個說法出現以後，便掀起了論戰，「說得太過火了吧！」「沒有說全部都是虛構，但肯定有加油添醋！」結果沒能得出任何結論。

不過，「超級英雄聖德太子」的形象暗藏了內幕是不爭的事實。

由於無從得知這個時期的政策究竟是誰來領導、做到什麼程度，因此推古王朝的中心應該是推古天皇、蘇我馬子、聖德太子的合作體制吧。

如果是由這三位執政的話，只描寫聖德太子未免也太奇怪——這個說法目前漸漸變得強勢……

他的名字也是，目前的主流看法是，與其用他死後一百多年後才有的「聖德太子」稱號，更應該使用他生前的名號「**廄戶王（廄戶皇子）**」。

所以說啊，在這場「**聖德太子論爭**」裡最吃虧的，就是現在的小孩了。雖然大人應該沒什麼機會可以接觸現在的課本，但還是可以設法去找來看看。

在日本小學的歷史課本裡，**「建國」的先驅全都是聖德太子**，主詞幾乎都是寫成「聖德太子是……」。

不過，到了國中以後，聖德太子的後面會加上「廄戶皇子」這個名稱，孩子們突然被迫**「上救護（廄戶）車」**，而且這邊還補充寫道推古天皇和蘇我馬子從旁協助他。

至少，國中課本裡的政治中心還是聖德太子，這一點沒有變。

真正傻眼的是上了高中以後。

「原本身為敏達天皇皇后的推古天皇即位，在緊張的國際情勢下，她得到蘇我馬子和推古天皇的姪兒廄戶王（聖德太子）協助，得以建立國家組織，於603年訂立冠位十二階，604年訂立憲法十七條。」（《詳說日本史B》山川出版社二〇二一年）

變淡了，他的存在感。

這本書將聖德太……不對，**將廄戶王（聖德太子）視為政策的策劃者，但這個敘述顯然沒把他當「主角」，而是把他當成團隊的一員**。

從小學到國中原本只是稍微換個定位的聖德太子，到了高中之後，卻突然淪落成配角了。

冠位十二階和憲法十七條，是大家一同構思的政策，絕非聖德太子獨自發明。

「這跟我在國小聽到的不一樣……」會讓小孩子有這種感覺的偉人，大概只有**聖德太子或聖誕老人**了吧。

為什麼聖德太子在小學、國中、高中的地位會變化這麼大呢……這就交給河合老師解說了。

至少可以確定，應該不會出現「其實聖德太子……不是主角！」「好耶！」這種令人傻眼的結局吧。

河合 為何他在小學是英雄，上高中卻成了配角

追溯聖德太子研究的歷史後……

大家認識的聖德太子，應該都跟房野介紹的一樣，可以同時聽懂十個人說話、騎著飛天馬去富士山，聽過形形色色的傳說。

當然這些都不是事實，不過房野提到聖德太子的巨大變化，是新學說在歷史學界引起震盪的結果。

一九九九年，研究者大山誠一先生出版了《〈聖德太子〉の誕生（聖德太子的誕

生，暫譯）》（吉川弘文館），在書中明確寫出聖德太子並非史實人物。

「在推古天皇的時代的確有位名叫廄戶的皇子，但是當時並沒有皇太子和攝政的制度，而且他本身也不是政治的中心人物。是由後來的掌權者藤原不比等，在《日本書紀》裡創造出的聖人角色。」

雖然這個學說有點令人難以置信，不過戰前就已經是歷史學家的久米邦武先生和津田左右吉先生，也都認為聖德太子的史料缺乏可信度，**質疑太子的業績並非史實**。

然而另一方面，瀧川政次郎先生和坂本太郎先生這幾位號稱歷史大家的權威，卻強烈主張聖德太子是史實，尤其坂本先生曾經編寫歷史課本，所以教科書上才會確立聖德太子實在的學說。

雖然現在像大山先生那樣強烈否定實在說的研究者很少，不過**廄戶王是有權勢的皇子，只是並沒有主導政治的說法，幾乎已成為定論**。

那麼實際上，日本小學課本裡究竟是怎麼寫的呢？我們來看看吧。

「聖德太子在20歲時成為攝政，協助天皇處理政事，他和當時擁有龐大勢力的蘇我氏合作，開始建立以天皇為中心的國家。太子十分尊崇佛教，所以訂立了十七條憲法，規定施政的官員應有的道德操守。另外，他還派小野妹子前往中國（隋朝），要求兩國平等交流，後來也派使者和留學生前去學習大陸的文化（遣隋使）。」（《新編 新社會6上》東京書籍）

大家看完這段，應該都會覺得「他果然是英雄」吧。

但是，高中日本史課本（《詳說日本史B》山川出版社 二〇二一年）裡，就跟前面房野介紹的一樣，只是將聖德太子記述為推古天皇的輔佐，並沒有提到他是皇太子或攝政，所以大家當然會訝異「這個落差到底是怎樣？」了。

其中一個理由，就是日本文科省的學習指導要領（教科書內容的規範）。這本書裡寫道「**須提到下列人物，指導學生透過人物的作為來學習**」，後面則列出四十二名歷史人物，裡面也包含了聖德太子。畢竟要在課堂上提到，總不能教學生「聖德太子只是個配角喔」，就勉為其難把他塑造成英雄了。

無論如何，隨著國中、高中的歷史學習進展，逐漸反映出現在歷史學的研究成果，所以聖德太子的存在感才會漸漸變淡。

原因出在大人的理由？

但是，孩子在小學學到聖德太子是英雄，上了高中後卻發現他變成配角，這實在很詭異吧。如果要解決這個矛盾，只要將聖德太子從小學學習指導要領中需要學習的人物名單裡剔除就好，但之所以不這麼做，是有大人自己複雜的理由。

例如二〇一七年，文科省在接下來的新學習指導要領中，公告聖德太子的名字標示方式，在國中課本定為「廄戶王（聖德太子）」，小學課本則定為「聖德太子（廄戶王）」。至少在名字上，加入了近年的研究成果。

然而，這項變更卻招來輿論批判「這是抹殺日本的國民英雄」。報紙上也報導「這項變更反映了近年的歷史研究，但本報徵詢民眾看法時，許多教職員都表示『換標示會讓我們很難教』」（二〇一七年三月二十一日／日本經濟新聞）。

日本各地都有聖德太子相關的寺院、佛像、地名和傳說。也就是說，**聖德太子也是**

信仰的對象，很多人把他當英雄崇拜。所以，在野黨議員也在國會上強烈要求政府重新評估變更的政策。因為這個緣故，現在的**小學生學到聖德太子的名字是廄戶王、學到他是英雄，等到升上高中才會知道他其實只是個配角**。多莫名其妙啊。

順帶一提，雖然文科省更改稱謂的政策遭到否定，不過詳細說明指導要領的《中學校學習指導要領解說 社會篇》裡，卻有這麼一段文字。

「講解『聖德太子的政治』時，要提到古事記和日本書紀裡出現的『廄戶皇子』等稱謂，以及書中記述了當時的政治和文化。此外也要提及『聖德太子』是後來才出現的稱號。」

從這段話似乎可以感覺出編者的遺憾心情，不知道各位有何感想呢。

第二節課 奈良時代

壞事接二連三，讓人不想建大佛也難……

給我等一下～
安全✚第一
大佛……
開眼!!
聖武天皇
現正修建中

年表	主要歷史大事
710年	遷都平城京
718年	養老律令（757年實施）
729年	長屋王之變
740年	藤原廣嗣之亂。遷都恭仁京
741年	國分寺建立之詔
743年	墾田永年私財法
	大佛造立之詔
752年	大佛開眼供養會

房野

大家畢業旅行都去哪裡呢？

日本的小學、國中、高中，應該大多都是去「京都、奈良、大阪」吧。

去奈良十之八九，或者應該說百分之百都一定會看到「奈良大佛」和「鹿」。

我們先不管鹿，這裡要講的是**「奈良大佛」**。它的正式名稱為**東大寺盧舍那佛坐像**，而建造這尊佛像的人就是

聖武天皇。

但是，聖武天皇為什麼要建造這麼巨大的大佛和東大寺呢？或許大多數人都已經知道了，不過我還是要為不知道的人說明一下。

簡單來說，聖武天皇是

「超級『佛教推』的天皇」喔。

聖武天皇在位期間，社會過於動盪不安，所以他興起「只能依靠佛教」的念頭，才

會建造奈良大佛。

那我就來大略解說「當時究竟發生了什麼事、又有多麼動盪？」。各位請先來看一下這個。

藤原不比等→長屋王→藤原四子→橘諸兄。

這是奈良時代在天皇之下執掌政權的人物變遷，從長屋王開始就是聖武天皇的時代。藤原鎌足的兒子藤原不比等去世以後，執掌政權的是皇族的長屋王。

然而，聖武天皇的第一皇子**基王，出生未滿1歲就夭折**（年紀幼小即死亡的意思），結果有人密告「是長屋王詛咒基王夭折的！長屋王企圖顛覆國家！」因此藤原四子（藤原四兄弟）之一的藤原宇合，摞人包圍了長屋王的宅邸，**長屋王被迫自盡**。

在政治上與長屋王對立的藤原不比等，其子藤原四子為長屋王冠上叛國罪，不僅將他逐出政壇，也讓他消失在這個世界上了（**長屋王之變**）。

於是，政權移交到了藤原四子手上，但是萬萬沒想到，當時**流行的天花，居然讓四兄弟相繼染病死去**。

這麼一來政權又得轉移，下一個接棒的是皇族的橘諸兄。藤原氏（不比等）→皇族（長屋王）→藤原氏（四子）→皇族（橘諸兄），按照這個順序看來，感覺接著又會是藤原家要搞鬼。結果沒錯，藤原家真的搞鬼了。

前面提到藤原宇合的長子藤原廣嗣，他為了逼迫受到橘諸兄重用的吉備真備和玄昉更迭（離開有地位的官職、換人上臺），於是發動了**九州大宰府叛亂**。

假如你是聖武天皇的話，會怎麼想呢？

最愛的兒子死去，政權領導者自殺，事件的主謀四兄弟因傳染病身亡，這個傳染病當然也在世間大流行。

就在他覺得自己周遭到底都是怎麼一回事的時候，又來個雪上加霜的大暴動，正巧這個時期還有大飢荒。

這樣還能保持平靜才是異常吧。

沒完沒了的政治鬥爭、傳染病、暴動、飢荒，面對接踵而來的重重災禍，聖武天皇終於下定決心：

「我要遷都！」

聖武天皇是想要謀求政局穩定，還是想要擺脫傳染病和暴動呢。其實目前還沒有考究出一個決定性的理由，總之他堅決遷都。

但是，他卻不只遷都一次，而是五年內遷都了四次。

平城京→恭仁京→難波宮→紫香樂宮→平城京。

他在近畿地區繞來繞去，最後落腳於平城京。朝廷裡應該至少有一個人心裡想過「怎麼又搬回來了」吧。

聖武天皇在遷都的同時，還推出了新政策。

「我要用佛教的力量保護這個亂世！」

而他推出的第一發佛教政策，便是

國分寺建立之詔（741年）。

他下令在各國國府所在地，各建一座國分寺和國分尼寺（相傳這是光明皇后的建議）。東大寺就是全國國分寺的總本山、總國分寺。

接著兩年後，他又頒布了

大佛造立之詔（743年）。

這道詔敕下令建造的，就是大家熟知的「**奈良大佛**」了。

起初，大佛原本是預定要建在紫香樂宮裡，但遲遲沒有進展，直到首都又遷回平城京後才終於開始興建，加上有深受民眾愛戴的僧侶**行基**協助，到了752年，在孝謙天皇的時代舉辦了開眼供養會（聖武天皇已讓位，成為聖武太上天皇）。

聖武天皇在亂世中思索出了「要靠佛教力量穩固、保護國家」的「**鎮護國家思想**」。他在這兩份詔書當中，反省了自己的治世之道、期許民眾幸福，並告誡官員不得以建造大佛為由強行向民眾徵稅，字字句句都透露出他心向仁政的真心。

但是，這項大事業卻拖累了民眾。

他借助行基的能力，這個做法換個角度來看，其實就代表他一直沒有得到足夠的民意支持與認可。

河合老師，看來建造國分寺和大佛還是造成了很多弊端對吧？

河合

建造大佛是日本首見的大規模公害

鍍金導致出現大量的汞？

雖然當時的紀錄並沒有留下來，不過的確是造成了弊端喔。

東大寺的大佛（盧舍那佛）是高達十六公尺的巨大佛像，建造它需要大約五百噸的銅，這個數量相當大呢。

目前已知這些大多是採自長登銅山（山口縣）的銅礦，但是運送銅塊的工作，在當時需要非常龐大的勞力。

這肯定對負責運送的平民造成很大的負擔吧。

而且，大佛本尊是用火熔化混合大量的銅和錫，製成青銅合金後倒進鑄型裡打造而成。這個鑄造作業在三年內進行了八次，使用的錫據說多達8.5噸。

液態青銅的溫度超過一千度，使得鑄造作業異常危險。發掘調查中也找到當時曾經嚴重失敗的痕跡，這場意外事故一定造成了許多傷亡吧。

順帶一提，**剛完成的東大寺大佛，本來是耀眼的金黃色**。這是在青銅大佛的外面鍍上一層金，用掉的黃金數量多達四百公斤以上！

而且，當時的日本列島採不到黃金，所以聖武天皇原本預定要向隔壁的中國（唐朝）和朝鮮半島籌措黃金。

就在這時，「陸奧國（東北地區）會提供黃金！」的消息傳到了朝廷。聖武天皇高興到甚至將當時的年號，從「天平」改成了「天平感寶」（同年又改成了天平勝寶）。但是問題在於大佛的鍍金工程，是要將大量黃金溶入汞，做成名為汞齊的黏稠狀液體，塗在大佛身上。完成這項工程後，還要用火烤過表面，讓汞蒸發以後，黃金才會附著在大佛身上。

在這段施工時期，工人和居民都吸入了大量的汞。大家都知道汞是有毒物質，所以可想而知，很多人都因此生病受苦。這或許可以稱作**日本首見的大規模公害**吧。

動員了一半國民來建造大佛？

這項造佛事業動員的人數，累計有二百六十萬人以上。當時的日本人口推測約有六百萬人，用單純的算數來看，占了將近總人口的半數，實在驚人！

而且在此同時，聖武天皇還在各國建立國分寺、國分尼寺這些誇張大的寺院，這項佛教興隆事業也伴隨了龐大的支出。

就跟房野說的一樣，聖武天皇是相信佛教鎮護國家的思想，才會推動這項事業，但是興建寺院和大佛不僅沒有讓社會變得和平，反而造成許多人民窮困。

大佛還沒完成就開眼供養？

天平勝寶4（752）年四月九日，東大寺大佛殿裡舉行了「大佛開眼供養會」。這個儀式是要為大佛畫出眼睛、注入靈魂。

但是，這時大佛尚未建造完成，也還沒有鍍金。之所以這麼急著開眼供養，是**因為**

聖武上皇「想在自己生前完成開眼」。

其實，聖武上皇的身體欠佳，隨時都可能會撒手人圜。他病情加重以後，在天平感寶元（749）年出家，以新藥師寺為行宮（住宅），將皇位傳給了女兒阿倍內親王（孝謙天皇）。

但是他讓位以後，仍多次執意去參訪造佛工程，甚至經常親自加入作業。或許聖武上皇在這項事業上，寄託了國家和平的強烈希望吧。

但是在大佛開眼供養會上，為大佛畫上黑眼珠的並非聖武上皇，而是印度人，是一位名叫菩提僊那的僧侶。其實這個儀式裡不只是印度人，還有來自中國、越南的多位高僧參列，儼然是國家級的一大盛事。

於是，大佛開眼供養會順利結束，四年後，聖武上皇五十六年的生涯就此落幕。

或許他本人得償夙願，但**在佛教興隆事業的背後，平民卻要負擔重稅並強制勞動，飽受生靈塗炭之苦**。

聖武天皇（上皇）在位期間

729年　長屋王之變
由藤原不比等之子藤原四子策劃，為掌握權力的皇族領袖長屋王冠上謀反的罪名、逼迫自盡。

藤原四子相繼病死

740年　藤原廣嗣之亂
藤原廣嗣為了拉下時任掌權者橘諸兄重用的吉備真備和玄昉，在九州大宰府發起暴動。

743年　大佛造立之詔
讓出皇位、成為聖武上皇（749年）。

752年　大佛開眼供養會

756年　聖武上皇駕崩

740～745年
遷都多達四次

而且在大佛完工以後，民間別說是和平了，政變還接二連三。

聖武上皇去世後，皇太子道祖王隨即失勢。翌年，掌權者橘諸兄之子奈良麻呂及其黨羽因為謀反的罪嫌，遭到嚴刑拷問致死。多年後，平定奈良麻呂之亂的藤原仲麻呂發起了惠美押勝之亂，最終兵敗而死。在動亂後掌握大權的道鏡，也在數年後垮台。

朝廷與蝦夷的戰爭，也陷入了僵局（三十八年戰爭）。

由此可見，聖武天皇（上皇）的心願並不算是實現了。

第三節課

奈良・平安時代

平安京是因怨靈作祟才成立的首都？

年表	主要歷史大事
764年	惠美押勝之亂
769年	宇佐八幡宮神託事件
770年	道教被逐出首都
784年	遷都長岡京
794年	遷都長岡京
805年	德政相論
810年	藤原冬嗣成為藏人頭

房野

各位是不是被詛咒了呢？

要是你馬上回答「有！」我反倒會覺得「你未免也太有精神」而整個冷場……

雖然現代也有機會提到「**怨靈**」、「**作祟**」和「**詛咒**」這些詞，但這終歸只是一種比喻啦。

不過在古代日本，對怨靈和詛咒的存在可不能一笑置之。古人認為鬼在現實社會裡也會橫行霸道。

然而，**平安京是以「樹鶯鳴叫（鳴くよウグイス）＊」聞名**，大家知道遷都到這裡的理由嗎？或者說得更清楚一點，是必須離開前首都的理由。

精明的各位應該都已經察覺「難道是因為那個……」了吧。

對，**就是那個**。

這是發生在首都位於奈良（平城京）時候的事。

在奈良時代中期即位的聖武天皇，目標是利用佛教的力量來穩定國家的「**鎮護國**

＊「鳴くよウグイス」的「なくよ」與遷都的年分794（なくよん）是雙關語。

家」政策（請參照奈良大佛的部分）。

從他把「佛教」和「國家」放在一起就可以看出，鎮護國家也意味著「**讓國家大事與佛教建立密切的關聯**」。

結果怎麼樣了呢。

寺院和僧侶當然就開始介入政治了啊。

最顯著的例子就是僧侶**道鏡**了。

深受孝謙上皇（稱德天皇）寵愛的道鏡，一路升到了法王，後來還差一點奪占天皇的地位……簡直就是國家危機（「**宇佐八幡宮神託事件**」）。雖然最後道鏡沒有成功即位為天皇，卻也讓朝廷上下捏了一大把冷汗。

那麼，在這個背景之下，到了奈良時代後期，

桓武天皇即位。

而桓武天皇說了一句話：

「佛教太猖獗了吧？」

（好啦他應該沒說過。）

因此，桓武天皇為了切斷干涉政治的奈良佛教（南都六宗）的影響，決定遷都。新首都位在能夠解決平城京只有陸路交通的地理弱點，附近有大河、位於山城國的**長岡京**。

但是，在遷都長岡京短短十年後，首都又移回平安京了。

究竟發生了什麼事？這就是這一節課的重點了。

桓武天皇遷都長岡京，也親自移居到那裡，但是，首都仍持續修建中。

當然那裡也有建設的負責人，是由一位名叫**藤原種繼**的公卿打理一切。

種繼是負責建設首都這項重要大計畫的總監，當然深受桓武天皇的信任。結果這位種繼先生啊，

遭到暗殺了。

被不知哪來的飛箭咻地射中，呃啊……就死了。

不過犯人很快就落網，案件也直接破案……要是這樣就好了，可惜這才是真正的事件起點。

其實，被補的有好幾個人，還牽扯到了桓武天皇同母異父之弟（親弟弟）**早良親王**。

難道這是早良親王暗中策劃的嗎？

早良親王在立太子（成為天皇繼承人）以前就已經出家了，所以他與因為遷都而遭到排除的奈良寺院關係匪淺。原來如此……這次種繼遇刺的事件，是早良親王與反對派為了阻止遷都才計劃的啊——

桓武天皇因此把早良親王幽禁（關押）在乙訓寺裡，最後流放到淡路島。

然而，早良親王堅稱自己是無辜的。**他為了抗議自己與暗殺無關而不吃不喝，也就是絕食，在流放到淡路島的途中就死了**。

早良親王是否涉嫌暗殺，至今仍是個謎。倘若一切都與他無關，那他就是含冤而死。這件事實在令人不舒服，於是這段悲傷的兄弟故事便劃下句點……

才怪。

故事還沒結束。

精采的還在後頭。

桓武天皇開始遭遇一連串的不幸。

在他的夫人藤原旅子去世後，母親高野新笠、皇后藤原乙牟漏、高津內親王的生母坂上又子相繼死亡，連兒子安殿親王也重病在床。

而且當時還發生了天花疫情，加上霧島山火山爆發、地震、飢荒等天災，還在建設的長岡京也遭遇兩次大洪災。

桓武天皇因為接連不斷的悲劇而去占卜，得到的答案是

「早良親王的詛咒作祟」。

他接受占卜的結果，為了鎮護早良親王的御靈，舉行了好幾次鎮魂儀式，但災禍依然不斷降臨。因此，他終究還是決定離開長岡京，遷都回平安京。

用現代的價值觀來衡量歷史，大多會產生矛盾。

直到近年，歷史課本才寫出遷都平安京的主因之一是早良親王的怨靈（是這樣吧？河合老師）。

過去、現在、未來，不管是凝視哪一段時間的事件，都最好要拋開成見。

這麼說來，平安京是「**尚未建完的首都**」呢，這部分就要請河合老師告訴我們了！

河合

怨靈會影響政治的古代日本

是怨靈在推動歷史？

就我所知，大概是從二十年前開始，歷史課本上就會提到早良親王的怨靈。那也是滿久以前了（笑）。

當然，更久以前的課本並不會寫這種事。例如在我念高中時，課本上是這樣描述平安京遷都的理由：

「營建長官藤原種繼遇刺，長岡京僅建都十年便遭到廢止。」（《改訂日本史》東京書籍 一九八四年）

但就算讀了這段，也不懂為什麼負責的長官被殺以後，就必須廢除好不容易建好的城市吧。

那我們再來看近年的課本是怎麼描述的。

「皇太弟早良親王因為涉嫌長岡京的營建總管藤原種繼遇刺事件，被捕後身亡，桓武天皇不堪其怨靈作祟，便接受和氣清麻呂的建言，在794（延曆13）年遷都至現在位於京都的平安京。」（《新選 日本史B》東京書籍二〇一七年）

這樣就能理解遷都的理由了吧。就像前面房野所說的一樣，新課本清楚寫出桓武天皇受不了早良親王的怨靈，才會拋棄新首都。

其實，**古代就某種意義來看，可以說是由怨靈來推動歷史的**。

最著名的例子，就是**菅原道真**。他從中級貴族一路升官到右大臣，是罕見的人才。在政界裡擁有純正血統的左大臣藤原時平，可能是覺得他的才能會造成威脅，便向醍醐天皇進讒言：

「道真正在策劃逼您退位，扶持他的女婿齊世親王（醍醐的弟弟）即位。」

醍醐天皇信以為真，就將道真貶至大宰府。

道真卒後數年，藤原時平及其他與道真失勢有關的人物相繼死去，醍醐天皇的皇太子及孫兒也都去世，還有落雷劈中皇宮導致貴族喪命，不祥之事接二連三。因此有人謠傳這些事件「一定是道真的詛咒」，醍醐天皇也因此憂愁而退位。

於是，朝廷決定將化身怨靈的道真視為神祇，供奉在北野天滿宮，最後道真成為民眾崇敬的學問之神。

順帶一提，「怨靈」這個詞，最早是出現在805（延曆24）年的《日本後紀》，此時正是桓武天皇的時代。

看來怨靈這個說法跟佛教有關，才會用佛教手法供養鎮護，或是降伏壓制帶來詛咒和天災的怨靈。

總之，平安時代初期的人，認為含恨而死的人都會為了復仇去詛咒人，還會降禍於社會，於是才會將「怨靈」改稱為「御靈」並加以供奉。這個儀式就稱作御靈會。

863（貞觀5）年，在朝廷有力人士藤原基經的主導下，於神泉苑（平安宮旁的庭園）祭祀成為怨靈的早良親王、伊予親王、橘逸勢等人，這是史上最早的御靈會，從此以後各地都會舉辦。

京都最具代表性的祇園祭，是在京都的八坂神社舉辦，但它的正式名稱叫作祇園御靈會，原本就是從鎮護「御靈」才開始的。

所以，平安京沒有建完？

接著，我來回答房野最後提出的問題：「平安京還沒建造完成嗎？」

桓武天皇推行了兩大事業，分別是二次遷都和征討東北的蝦夷。但這些都造成國民窮困，國家陷入嚴重的財政困境。

因此，桓武天皇在805（延曆24）年，與藤原緒嗣和菅野真道商討了這兩大事業，以及今後的執政方向（德政相論）。

這時，真道強力主張繼續推行事業。

相較之下，緒嗣卻表示：「方今天下所苦。軍事（蝦夷征討）與造作（建造平安京）也。停此兩事。百姓安之。」（《日本後紀》）意思就是這兩大事業令人民苦不堪言，停止才是為民著想。

聖武天皇與桓武天皇的遷都

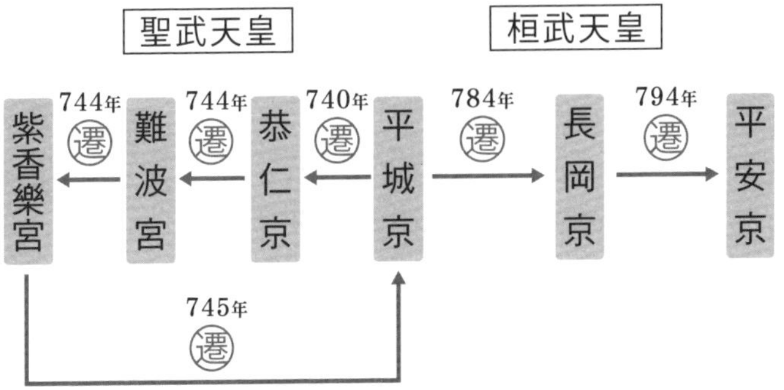

桓武天皇聞言後，採納了緒嗣的意見，停止繼續建設平安京和征討蝦夷。所以，**平安京是尚未完工的首都**。

在這個重要決定一個月後，桓武天皇的健康開始惡化，翌年病情急轉直下，最終在三月十七日，以70歲高齡駕崩。

臨終之際，桓武天皇交代「赦免所有種繼事件相關人士的罪狀」，隨即去世。因此，才有學說主張早良親王無辜，是遭到桓武天皇冤枉而死。

桓武天皇或許是想藉由赦免這些人，好為進入冥界的自己贖罪吧。

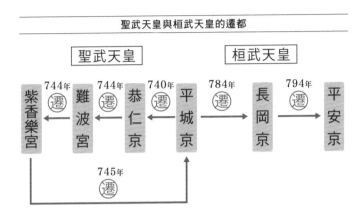

第四節課 鎌倉時代

「鎌倉幕府」究竟是成立於一一八五？還是一一九二？

年表	主要歷史大事
1156年	保元之亂
1159年	平治之亂
1167年	平清盛就任為太政大臣
1180年	源賴朝建立南關東軍事政權
1183年	源賴朝建立東國的統治權
1184年	源賴朝設立公文所、問注所
1185年	源賴朝獲得守護・地頭任命權
1190年	源賴朝就任為權大納言、右近衛大將
1192年	源賴朝就任征夷大將軍

房野

「鎌倉幕府的成立，從『一一九二』變成了『一一八五』。」

歷史就是會不斷改變。而歷史課本隨之修改的具體代表例子，就是**幕府創立年分從「一一九二」變成「一一八五」。**

聽到這件事的大人（40歲以上），應該都非常震驚吧。

還是說你現在才知道？你不震驚嗎？

其實，在媒體上散播鎌倉幕府成立於一一八五年這個說法的，正是似乎有隱情的河合老師。他在著作《逆轉日本史》（扶桑社新書）裡也寫道：

「最早是我在綜藝節目上說，日本創立鎌倉幕府的年分漸漸變成了『一一八五』。（中略）但是老實說，這只是個玩笑。」

是個玩笑。太令人震驚了。

後面老師還接著寫道：

「作為武家政權的鎌倉幕府成立年分，目前還沒有定論。」

震驚的連續攻擊。居然還沒有定論。

為了心想「那到底是怎樣……」而不知所措的人，就容我僭越一下來為大家說明吧。首先，鎌倉幕府的成立年分，除了一一九二年和一一八五年以外，還有下列說法。

這些主詞全部都是**「賴朝」**。

1. 一一八〇（治承4）年進入鎌倉，建立南關東軍事政權。
2. 一一八三（壽永2）年頒布「壽永二年十月宣旨」，實質承認東國的統治權。
3. 一一八四（元曆元）年設立公文所、問注所。
4. 一一八五（文治元）年獲得「文治敕許」，擁有守護・地頭的設置・任命權。
5. 一一九〇（建久元）年就任為權大納言、右近衛大將。
6. 一一九二（建久3）年就任為征夷大將軍。

這些說法當中，現在得到最多支持是4的一一八五年說，但這終歸只代表「支持率高」，並不等於正確。在混雜的各家說法當中，目前還沒有確定的答案，現在課本裡的注釋，也會仔細介紹一一九二年說和其他說法——河合老師是這麼說的吧。

但是，為什麼會同時存在這麼多說法呢？

還有，為什麼沒有確定的答案呢？

原因只有一個。

因為

「幕府」的定義並不清楚。

「不會吧。」你是這樣想的嗎？那就也讓我跟風說一下吧。

不會吧。

如果你覺得「幕府不就是中央政府嗎」、「不就是征夷大將軍統治的武家政權嗎」，那就請聽我娓娓道來。

這個印象可能是受到江戶幕府的影響吧。

既然鎌倉時代初期的幕府沒有統治全國，那就代表位在西國的朝廷權力依然強大。

而隨著時代的流變，執權北條氏掌握了幕府實權後，雖然迎立了攝家或皇族就任將軍（攝家將軍、宮將軍），但征夷大將軍只是個虛名而已。

這不就已經脫離一般認知裡的幕府定義了嗎？

即使如此還硬要說「鎌倉曾經建立幕府」，實在是莫名其妙。

怎麼樣？

你是不是已經同意「定義確實不夠清楚……」呢。不過，這裡還會出現一個問題。

當時處於什麼情況？

如果定義這麼模糊，那讓幕府成為幕府的根據到底是什麼？是依照什麼理由宣布「開創幕府！」的呢？

在找尋這個答案時有一個重點，其實當時

「幕府」並不是稱作「幕府」。

你是不是想說「蛤？」那也讓我說一下，蛤？

「幕府」這個稱呼是始於江戶時代中期以後，在這之前，鎌倉幕府都是稱作「鎌倉殿」，江戶幕府則是稱作「御公儀」（但「幕府」這個詞自古就是近衛大將的唐名）。

鎌倉幕府和室町幕府「本來就不是幕府」，所以當然也不存在任何定義。

也就是說，**所謂的幕府**是後世回顧歷史，根據「征夷大將軍」而設定的稱呼或概念，成為會在各種場面造成問題、**有夠難用的學術名詞**。

這麼一來，幕府開始與結束的年分，就會因定義的方式而不同。

如果把重點放在統治全國，鎌倉幕府的成立年分是北條氏在「**承久之亂**」取勝，勢力凌駕於朝廷之上並擴及西國的一二二一（承久3）年。

另外，教科書上寫道在戰國時代，織田信長將足利義昭逐出京都的一五七三（元龜4）年，室町幕府滅亡。但義昭在前往（廣島縣福山市）以後，仍以征夷大將軍的身分保有一定的權力，所以也有人主張「**鞆幕府**」曾經存在。

若要再說得更詳盡一點，甚至可以將某個時期的政權命名為新的「〇〇幕府」，像是六波羅幕府、堺幕府、安土幕府。有多少研究者和定義，就有多少幕府存在，這麼說可能有點誇張，但未來的教科書上或許真的會加上新的幕府……也說不一定喔。

河合老師，就算是「幕府」和「戰國大名」這些平時常用的歷史名詞，難以定義、搞不清楚的名詞是不是比想像中的還多呢？

河合 不上戰場也是戰國大名

戰國大名討厭戰爭？

就像房野所說的，最早在電視綜藝節目上說出「鎌倉幕府的成立從『一一九二』變成『一一八五』」的人，恐怕就是我了。

那麼，我們的主題「幕府」和「戰國大名」，這些平時常用的歷史名詞，仔細思考後發現它們很多都難以定義，脫離一般的常識。

比方說，我們就來談談房野用來舉例的「戰國大名」吧。

大家對戰國大名的印象，應該是偏向透過下剋上崛起，在各地征戰、企圖統一天下的精悍武將。

那歷史學裡是怎麼定義戰國大名的呢。

「戰國時代在各地擁有郡乃至國家規模的支配領域，藉此成立地方政權的主宰者。戰國大名的形態會依成立的地區政治、經濟、社會各個條件而異，但在支配領域皆全權掌握所領安堵權、軍事指揮權、裁判權，統治領土與人民的專制權力。」

這段話出自研讀日本史必備的最詳細詞典《國史大詞典》（吉川弘文館）。

此外，日本史課本裡的定義則是：

「各個地方出現了憑一己之力建立領國（分國），進行獨立統治的地方權力。這就是戰國大名。」（《詳說日本史B》山川出版社 二〇二一年）

簡單來說，強力統治地方的郡和國家單位的土地與居民者，就稱作戰國大名。**即使他們沒有打過仗，不想要統一天下，也是戰國大名**。

說得更清楚一點，並沒有哪個戰國大名企圖平定全國。既然不打仗就能統治，那當然別打最省事。更何況進攻其他國家這麼辛苦，領民也不樂見其成。

比方說，毛利元就是從安藝國的國人（有力武士），崛起成為統治十國的大名。他在嚴島之戰擊破強大的陶晴賢，大獲全勝，但事實上，他在書信裡坦承自己並不想與陶晴賢作戰。

「雖然我認為有朝一日必定要與陶晴賢一戰，但就算打敗了他，我也沒有信心可以統治他的領國。最重要的，還是延續毛利家。畢竟要是做出如此狂妄的舉動，香火可能會斷絕。」

信裡是這麼寫的。

但是對手卻開戰了，他無可奈何只好挺身迎戰。也就是說，戰爭對元就來說並不是為了擴張領地，而是保護領國安藝和備後的防衛戰。研究者鴨川達夫先生，推論元就的想法如下：

「如果備中淪陷，就會殃及本國備後。因此為了保護備後，還是要統治外側的備中較為安全。所以，元就在拚命保護領國的過程中，拓展了勢力範圍。」

此外，也有說法主張有合作關係的領國周邊國眾（小規模戰國大名）遭到其他大名攻打時，會請求戰國大名出兵協助，大名無可奈何，只好出兵協防，結果領地就在打仗的時候逐漸擴張，這就是戰國大名拓展領地的過程。

信長其實沒打算統一全國？

織田信長在平定美濃後，就開始使用「**天下布武**」的旗印，所以大眾普遍認為他企圖統一天下，但這個觀點到了近年居然遭到否定。

「天下並不是指全國，而是畿內地區。也就是說，信長是想在畿內復興室町將軍的政權，這才是天下布武的含義。」

這是歷史學家池上裕子女士提出的說法，現在已逐漸成為定論。

既然如此，那最符合戰國大名的定義，就是「在地方憑一己之力建立領國（分國），實行獨立統治的地方權力」（《詳說日本史B》山川出版社二〇二二年）。

除此之外，還有其他很多歷史名詞與社會認知相佐的例子。

例如「**鎌倉新佛教**」是出現於鎌倉時代的新興佛教宗派，請問各位還記得是哪六個宗派嗎？

它們分別是淨土宗、淨土真宗、時宗、日蓮宗、臨濟宗、曹洞宗。

但其實在鎌倉時代，還出現其他更多嶄新的宗派。只是這六個宗派發展於室町時代、延續到江戶時代，因此在明治時代以後便將它們定義為鎌倉新佛教。

再說得更詳盡一點，在鎌倉時代興盛的新佛教，只有受到幕府保護的臨濟宗而已。而在這個時代，南都六宗、天台宗、真言宗等舊佛教，仍具有壓倒性的勢力。

所以，廣為人知的歷史名詞不僅大多有點複雜，還與我們的認知有很大的差異。

第五節課 鎌倉時代

蒙古來襲！單挑VS集團戰法……可能是假的

年表	主要歷史大事
1268年	蒙古帝國送來國書
1274年	文永之役（元軍第一次來襲）
1275年	強化異國警固番役
1276年	在博多灣沿岸建造防壘
1281年	弘安之役（元軍第二次來襲）

房野

如果當時有社群網站，「**蒙古來襲**」應該會霸占趨勢名單榜首好幾個月吧（或許還能隨處看見「＃鐵炮」這個標籤）。

獲得「日本史上最難關卡」認證的事件，就是

蒙古來襲（元日戰爭）。

大家對這件事的印象，應該都是

「元朝襲擊日本兩次（文永之役、弘安之役），日本在這兩場戰役都因為颱風而幸運躲過危機。」

若要再解釋得更詳細，那就是相較於鎌倉武士使出「單挑」這種落伍的戰術，元軍則是採取最新的集團戰法和火藥（鐵炮）進攻，才讓日本吃足了苦頭。不過，日本最後卻有颱風相助。

大概就是這種感覺吧。

但是在解釋實際情況以前，請各位再耐心跟我複習一下元朝襲擊日本的原委吧。

事情的開端，是蒙古帝國第五代皇帝兼元世祖**忽必烈**送到日本的國書。

如果要一口氣摘要整份國書的內容，忽必烈想說的就是下列這些事：

- 國境相鄰的國家應當努力和睦共處。
- 更何況遠方各國都敬畏統治廣大疆域的我們。在朕即位以後，高麗也表示臣服，雙方和樂融融。
- 日本密邇高麗（與高麗交好），過去亦時通中國（國家之間親近往來），然而到朕這一代不知為何卻遲遲未曾派遣使者過來……？
- 難道日本對我們一無所知嗎……既然如此，朕就主動派使者送來國書，聊表心意。
- 願今後我們能夠敦親睦鄰。畢竟沒有人想要戰爭。
- 此事請王（日本國王）審慎思量。

「畢竟沒有人想要戰爭（以至用兵，夫孰所好）」這一句，可以解讀成「這是拒絕往來就會開戰的意思吧？根本是威脅！」

「才不是，就是字面上『和平共處』的意思啦！」

至今大家依然眾說紛紜，不過時任的執權**北條時宗**將這份國書傳到朝廷，大概是因為他認為外交是由朝廷負責吧。

朝廷收到國書後多次商討對策。

結果，在臣服和戰爭二選一的狀況下，他們得出了第三個結論：

「好吧，管他的。」

在討論國與國之間的往來時，選擇了「無視」。

未免也太刺激了。

至於朝廷選擇無視的原因也有多種說法……總之我們先繼續看下去。

之後，忽必烈仍不死心，再度派遣使者到來。

但是，這次的國書完全就是脅迫了，內容很明顯變成要逼日本臣服。

唯獨這次朝廷不能再裝死了。

「我們不屈服！」

……雖然朝廷沒有如此果斷地回覆，但還是擬定了回覆的草案。

「直接搬出武力簡直亂來！日本可是神國，是不會憑武力競爭的獨一無二存在，你們想清楚了再說！」

這看起來像是拒絕？還是抗議？

不過，幕府出面制止了。

「還是別回覆了吧。」

結果這封信並沒有送出去。

也就是說，這次的對應也是**「無視」**。

如果是談戀愛，要是追求者被這麼明顯地無視的話，早就心碎了吧。但忽必烈才不死心，後來他又再度派來使者，逼迫日本臣服。

即使如此，**日本依然繼續「無視」**。

在此期間，元朝也與高麗的叛亂軍（名為三別抄）及南宋發生了一些糾紛，不過從結論來說，**日本還是一律無視忽必烈**。所以，元朝派兵進攻日本，蒙古來襲的序幕大概就是這樣揭開的。

而蒙古來襲的第一戰就是**文永之役**。

起初，抵達對馬的元軍從壹岐島登陸，屢戰屢勝。之後接續登陸肥前沿岸、博多灣沿岸的元軍，和九州的御家人開戰，而開頭提到的**「單挑VS集團戰法」**，就是發生在這個時候。

根據「八幡愚童訓」（鎌倉時代中後期敘述八幡神靈驗、神德的寺社起源文件）這份史料記載，日本武士報上名號，試圖向元軍發起單挑作戰，卻遭到採取集團戰術的元軍全數消滅。

御家人：「吾乃……」

元軍：「？對方好像在說什麼。」

元軍：「真的欸，算了，管他的，上吧！」

元軍：「也是（發動集團攻勢）。」

御家人：「喂，好險！等一下……欸，都說等下了……喂，我們還在報名號欸！」

如果寫成漫畫對白就會變成這樣吧，就算想寫得一本正經，內容還是很滑稽。根據「八幡愚童訓」記載，擊破日軍的元軍闖入了佐原、筥崎、宇佐，導致日軍敗退到了水城（664年建造的古城）。

但是到了隔天早上，元軍卻從博多灣撤退了，消失得無影無蹤。

其實，在御家人逃走以後，有三十人組成的白衣集團突然衝出筥崎宮，朝著元軍萬箭齊發，戰慄的元軍便逃向了大海。

結果，海面上遍布著神奇的火焰，有兩艘船從火海中現身，不僅將元軍一網打盡，連僥倖逃脫的軍船也遭到大風肆虐而敗逃……慢著慢著，等一下。

不知道該怎麼說，最後的橋段也太**奇幻**了。

八幡神化身成為神軍（白衣、從火海中出現的船）攻打元軍，最後掀起大風將敵人趕走，到底有多少天真單純的人在聽到這段故事以後，會坦然地接受「原來是這麼一回事啊」。

就跟各位所看到的一樣，「八幡愚童訓」想宣傳的是「八幡神打倒了元軍！」

而且事實上，**「單挑VS集團戰法」也是只記載於「八幡愚童訓」的故事**，我們將這些合起來看的話，

「鎌倉武士根本沒有貢獻，都是多虧了八幡神才成功逼迫元軍徹退」。

這是想利用武士和神祇的對比，來強調八幡神英明神武吧。

所以，「日本武士單挑元軍」這個說法

實在非常可疑。

日本教科書上常見的「蒙古襲來繪詞」裡，明明畫出了大批騎兵集團作戰的情景，元朝的史料也寫道「騎兵團結一致」，以及日本武士發動團戰的事蹟。

因此，近年蒙古來襲的**單挑說法幾乎失去了可信度，同時也讓人對日本軍一味屈居**

劣勢的戰況感到疑惑。

這麼說來，「拯救了被打到無路可退日軍」的「颱風」真的存在嗎？

在蒙古來襲的第二回合**弘安之役**中的確出現了暴風雨，但真的連文永之役也有颱風嗎？

還有前面提到的「蒙古襲來繪詞」裡，最著名的那個部分畫出了蒙古兵、鐵炮、御家人竹崎季長的特寫。聽說這張畫其實也有內幕……河合老師，就請你教教我們吧！

河合

蒙古來襲根本沒有定論？

元軍撤退是因為內部分裂嗎？

我先來回答房野提出的文永之役是否真的有颱風的問題吧。

以前的日本教科書的確清楚寫道，兩次元日戰爭都是暴風雨迫使元軍撤退。

那麼，我們來看現在的教科書是怎麼寫的吧。

「元朝在一二七四（文永11）年大舉登陸九州北部的博多灣。（略）令日本軍陷入苦戰。但元軍也傷亡慘重，內部還發生衝突，最終撤退。（略）一二八一（弘安4）年，元朝約十四萬大軍逼近九州北部，卻因遇上暴風雨而死傷無數，再次撤退。」（《詳說日本史B》山川出版社二〇二一年）

想不到，在第一場戰役（文永之役）裡導致元軍撤退的原因，竟是寫著「內部衝突」。

「原來如此，現在的主力說法不是颱風，而是元軍的內部衝突啊。」

各位先別急著下這個定論。我也來介紹其他幾本教科書的說法吧。

「兵種混編、士氣低靡的元朝高麗聯軍，因為不熟悉的作戰方式而損失慘重，最終撤退。」（《日本史B 新訂版》實教出版二〇一八年）

「御家人因元軍的集團戰法陷入苦戰，但仍重創元軍，迫使元軍撤退。」（《新選日本史B》東京書籍二〇一七年）

雖然出現了好幾種新的說法，讓暴風雨說已不再是定論，但結果卻是由各版本教科書的編者自行決定採用何種新說法。

除此之外，還有「只是來刺探軍情」、「並非一日就撤退，而是撐了七天，最終因暴風雨全軍覆滅」等說法。

總之，說法因教科書而不盡相同，導致在高中選修日本史的學生一頭霧水。不過請各位放心，因為沒有定論，所以考試中絕對不會出現「元軍在文永之役撤退的理由是什麼」這種題目。

補畫上去的蒙古兵

接下來是關於蒙古襲來繪詞（繪卷）的問題。

這是描繪蒙古人來襲情景的唯一繪畫史料，收錄在很多課本裡。繪卷裡描繪的，是肥後的御家人竹崎季長。他在元日戰爭中奮戰，卻沒得到任何恩賞，於是徑自前往鎌倉，向幕府重臣安達泰盛強行要求賞賜。最後他得到海東郡的地頭職與一匹馬，他為了向神感謝這些賞賜、將自己活躍的身影傳承給後代，便下令製作了這份繪卷。

其中最知名的一幅，是左側有三名蒙古兵，朝著右側騎在馬背上的季長射箭的場面（請參照下一頁）。

畫中可以看出季長的馬被箭射中，渾身浴血，正猛烈跳著腳。

空中有好幾枝飛箭，名為「鐵炮」的火藥武器在畫面中央爆炸，噴出火和煙。場面看似是季長遭到蒙古兵射箭圍攻，危機四伏。

但是，研究者佐藤鐵太郎卻在著作《蒙古襲來繪詞與竹崎季長的研究》（錦正社史學叢書）裡，斷定「這張畫裡的三名蒙古兵，是後世畫上去的」。

其實這份繪卷損傷非常嚴重，所以是貼在襯紙上，

佐藤先生推測繪卷是修復於江戶後期。三名蒙古兵的中間那名，剛好就畫在兩張原紙的接縫上，但兩張紙接得相當隨便，上下有四公分的落差，然而正中間那名蒙古兵的身體卻完全沒有位移。由此可見，繪卷在修復後，也就是在江戶時代後期以後又增添了內容（上圖為蒙古襲來繪詞的模本，修復的實物收藏於宮內廳）。

而且，這名蒙古兵和另外兩名士兵的靴子是同一種顏料，因此另外兩名應該也是在江戶時代畫上去的吧。實際上，三名蒙古兵的左後方就畫有許多蒙古兵，也可以明顯看出兩邊的筆觸截然不同。

更令人驚訝的是，這個黑色顏料居然也用在「鐵炮」和箭上，因此佐藤先生主張，這幅畫的每個細節都有被修改過。

出處：改自九州大學附屬圖書館藏《蒙古襲來繪詞（模本）》

確實，要是刪去三名蒙古兵、「鐵炮」和箭的話，這個場面就立刻變成了竹崎季長勇猛追趕著一群逃亡的蒙古兵集團。實際上，各位可以將這一頁裡的蒙古兵遮住再看。怎麼樣？這就符合了季長想要將自己活躍的姿態傳承給後代的目的了吧。

不過，也有人不贊同佐藤先生的說法，因此這並不等於定論。

倘若事實真如佐藤說所述，那課本上或許還是不要刊登蒙古襲來繪詞的蒙古兵與竹崎的戰鬥場面比較好吧。

第六節課
鎌倉・室町時代

王朝分裂的南北朝時代——在更早以前就分裂了

是御深草!!
還是龜山!
一二、煞!
一二、煞!
後嵯峨
持明院隊
大覺寺隊

年表	主要歷史大事
1221年	承久之亂
≀	
1297年	永仁德政令
1321年	後醍醐天皇親政
1334年	建武新政
1335年	中先代之亂
1392年	南北朝統一
≀	
1467年	應仁之亂

房野

我們來聊聊南北朝時代的歷史。

——我本來是這麼想的，但還是算了。

就跟大家知道的一樣，日本曾經有「北朝」與「南朝」兩個王朝同時並存，在悠久歷史中綻放異彩的「**南北朝時代**」。

鎌倉幕府滅亡、「**建武新政**」、「**中先代之亂**」、後醍醐天皇與足利尊氏的鬥爭。之後建武政權瓦解，室町幕府誕生……但南北朝依舊分立。

而且，尊氏和直義掀起了**日本史上最大規模的兄弟鬩牆「觀應擾亂」**，直到足利義滿的時代才終於因為「**明德和約**」統一了南北朝——

嗯，要講的事情太多了，要是全部寫出來，看書和寫書的人都會眼睛痠痛流淚，一點也不健康。所以，這裡就只談**「王權分裂初期的歷史」**，好，就這麼決定了。

各位知道嗎，其實在進入南北朝時代以前，日本就已經有「兩個皇統」存在了。

兩條血脈各自衍生出天皇和治天之君（後面會解釋），這個架構在鎌倉時代就已經成立。這就是對愛好歷史的人來說是常識，對討厭歷史的人來說則是前所未聞、足以讓鼓膜震顫的

兩統迭立。

「迭」的意思就是「交互」或「交換」的意思。講到這邊，各位應該能大致猜到後面要講什麼了……

那麼，我就簡單解釋一下兩統迭立吧。

鎌倉時代有個人物叫作**後嵯峨天皇**。

後嵯峨天皇在位四年後，就讓位給了兒子久仁親王（後深草天皇。4歲／滿2歲），開始實行院政。

這理就不解釋什麼是院政了（上網查很方便），這邊希望各位了解的是**「治天之君」**。

所謂的治天之君，又稱作「治天」或「治天下」，是指**「掌握政務實權的上皇和天皇」，也就是天皇家實質的領導者**。

實行院政的上皇通常會特地稱作治天之君，但重點在於治天之君「只有一人」。

如果在一定期間內多次讓位的話，上皇的人數就會增加。

但**治天之君依然只有一人**。

不管有幾位上皇，實際的權力都只掌握在一個人手裡。

我們言歸正傳。

剛才提到久仁親王即位成為「**後深草天皇**」，後嵯峨天皇成為「**後嵯峨上皇**」並開始實行院政。但是十幾年後，後嵯峨上皇卻讓後深草天皇的弟弟「**龜山天皇**」即位，也就是要求「兄」讓位給「弟」，天皇寶座從「後深草」變成了「龜山」。

接著又過了十幾年，龜山天皇的兒子世仁親王（後宇多天皇。2歲〈出生八個月〉），遵照後嵯峨上皇的旨意成為皇太子。

那麼，我用圖表稍微統整一下吧（請參照下一頁）。

治天之君　後嵯峨天皇

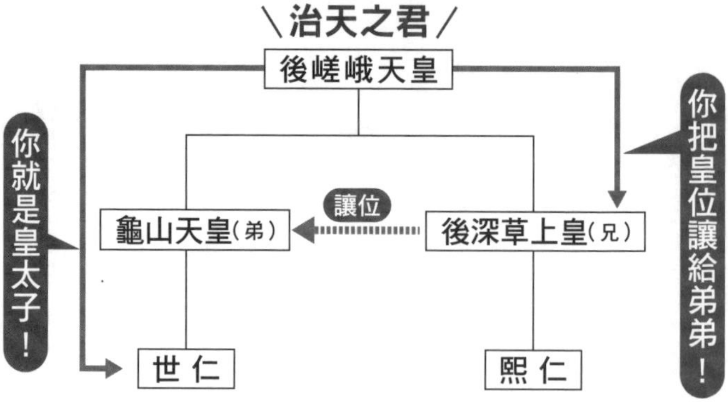

這個時候有兩位上皇，分別為後嵯峨上皇（父）和後深草上皇（兄），而治天之君當然是後嵯峨上皇。

天皇是龜山天皇（弟），皇太子是龜山天皇的皇子世仁親王（孫）。

我知道，這些關係光看文字會有點複雜吧，不過這只能仰賴大家自己的讀解能力了。

如果你還是看不懂，最好還是參照家譜來閱讀，或許會更清楚一些。

皇太子就是皇位的第一繼承人。後嵯峨上皇將皇位從後深草（兄）轉移給了龜山（弟）。儘管後深草也有皇子，但後嵯峨上皇還是立了龜山的皇子為皇太子。

這樣多多少少可以理解了吧。看來後嵯峨拋棄了哥哥後深草，選擇龜山作為繼承人，而且想讓後者的子孫傳承皇統。

光看這一系列的脈絡，可以明顯感受到後嵯峨上皇想說**「你們知道這代表什麼意思吧」**。每個人應該都能理解箇中深意。

其實不然。

根本沒有人可以確定後嵯峨上皇真正的心思是什麼。

因為後嵯峨上皇沒有指名繼承人，

就這麼去世了……

當時朝廷眾臣應該都有同感吧。

「你不講清楚誰知道啊。」

不過幸好，他好好留下了遺囑。

既然是遺囑，裡面一定會寫財產的分配方式。但毫不意外，後繼者是誰、下一任治天是誰，通通都沒寫。

朝廷相關人士：**「啊，沒寫。」**

這就是一切的起點。因為皇統分成了兩支，後嵯峨上皇又沒有決定繼承人。

不過，後嵯峨也不是完全沒提過後繼者的事。前面的遺囑裡，就寫了下面這句話：

「下一任治天交由幕府定奪。」

這個訊息真是散發出滿滿的鬥爭氣息。

可能會有人疑惑，為什麼是鎌倉幕府呢？因為

「後嵯峨本身就是因為幕府介入才即位的天皇。」

後嵯峨上皇出生翌年，當時的治天後鳥羽上皇為了討伐幕府第二代執權**北條義時**而舉兵，朝廷與鎌倉幕府爆發了大規模的武力衝突，史稱**「承久之亂」**。幕府在這場戰役中大獲全勝，勢力位居朝廷之上，得以干涉皇位繼承。

在這個背景下，**其實並沒有資格成為天皇，卻在幕府授意下即位的天皇**之一，就是

後嵯峨。

所以，後嵯峨上皇才會想：

「就算我指定了後繼者，幕府依然可以輕易推翻這個決定，既然如此，一開始就遵照幕府的意思就好了。」

大概就是這樣吧。

於是，下一任治天的人選就靜候幕府裁量。可是，

朝廷相關人士：「後繼者該怎麼辦？」

朝廷向幕府丟出問題。

幕府：「這樣啊……後嵯峨上皇有何旨意？」

幕府沒有辦法回答，又把問題丟回去。

沒料到會被反問的朝廷，或許心裡正想著「我們要是知道的話還用這麼辛苦嗎」。

不過，幕府還是向後嵯峨上皇的中宮，即後深草與龜山的生母大宮院，詢問上皇真

正的心思意圖。結果，大宮院回答「是龜山吧……」因此幕府便指名龜山天皇擔任新的治天。

獲得治天寶座的龜山，沒多久便讓兒子即位成為後宇多天皇，開始實行院政。而這一連串的騷動終於……還是沒有圓滿解決。

有個人無法接受這個決定，他當然就是**後深草上皇**。

雖然後深草得到後嵯峨上皇賜予的廣大莊園郡（長講堂領），但他實在無法克制心中翻騰的不滿，便宣布：

「我不當上皇了。」

然後表示：

「我要出家。」

據說得知此事的第八代執權北條時宗，心想：

「嗯，這樣後深草上皇未免也太可憐……」

還有幫朝廷和幕府居中協調（關東申次）的公卿（西園寺實兼），也極力為後深草說情……

雖然以上說法真偽不明，但幕府決定立後深草的皇子熙仁親王（伏見天皇）為皇太子。也就是說，**若熙仁親王將來即位成為天皇，代表「後深草上皇也有機會執掌院政、成為治天」**（基本上院政都是由天皇的父親，或是祖父、曾祖父掌管）。

之後（受到「霜月騷動」的政變影響），實際上也是由熙仁親王即位成為伏見天皇，所以後深草上皇便開始實行院政。

順帶一提……從後嵯峨上皇駕崩到熙仁親王被指名為皇太子的時期，剛好涵蓋了蒙古來襲的文永之役前後的時期。

當時幕府和時宗應該不是想著「要穩定，至少要維護國內穩定……」就是想著「現在哪有空管皇位繼承的事！」吧。

後來，雙方都有天皇和治天的情況依舊延續，最終成為常態。

於是皇統分裂成二支、「交互」繼承皇位的現象就稱作兩統迭立，後深草上皇的血統稱作「持明院統」，龜山上皇的血統則稱作「大覺寺統」，再後來，

持明院統成為「北朝」，大覺寺統成為「南朝」。

而從大覺寺統「接任」天皇的後醍醐天皇，促成了鎌倉幕府的滅亡與南北朝時代的開始……但戲劇化的發展現在才要上演。不過，我想後面就交給河合老師接棒了，請老師原諒我擅自迭立。

河合

一路分裂到太平洋戰爭後？跨越時空的南北朝對立

承諾形同虛設的政治世界

的確就像房野所說的，南北朝的戲劇化發展相當吸引人，充滿了跌宕起伏的情節。

不過在南北朝統一後，會有更出人意表的發展，比起電視劇經常演出的戲劇性情節，這

本書更想深入探討統一後的事。

日本史教科書上寫著「義滿於一三九二（明德3）年與南朝協商，成功促使南北朝統一，終結內戰」（《詳說日本史B》山川出版社 二〇二一年），這段給人「可喜可賀」的印象，但是**南北朝的動亂並沒有因此結束**。

南朝的後龜山天皇之所以同意統一南北朝，是因為將軍義滿承諾要讓南朝和北朝的皇統輪流繼承皇位（兩統迭立）。

也就是在北朝的後小松天皇之後，應該由後龜山的皇子實仁親王即位。然而，實仁親王卻遲遲沒有被立為皇太子，而且皇太子的地位就這麼空著直到義滿去世。

後龜山法皇心想「這成何體統」，便逼迫第四代將軍義持履行承諾，好讓兒子實仁親王即位，但雙方談判破裂。後龜山法皇憤而離開京都，遷居南朝的據點吉野，於是朝廷再度一分為二。

兩年後，幕府讓後小松天皇的皇子躬仁親王（後來的稱光天皇）即位。此事當然觸怒了後龜山法皇。他挑明了要與幕府為敵，伊勢的北畠滿雅、奧州的伊達持宗等南朝陣營的大名在各地舉兵，事態演變成大規模動亂。

苦惱的將軍義持親自去吉野拜訪後龜山法皇，進行和平協商。義持就是在此時承諾了兩統迭立，後龜山法皇才終於接受並回到京都。

但是，後龜山法皇沒能見證兒子即位，就在一四二四（應永31）年去世了。稱光天皇（北朝的後小松天皇之子）則是在四年後駕崩。剛好在這一年，義持也去世，將軍的職位傳給了義教。

雖然將軍換人當，但承諾不變。而且稱光天皇膝下無子，理所當然「下一任皇位應該要傳給南朝了」。

可是，**幕府（將軍義教）卻不顧兩統迭立的承諾**，指名北朝系統的後花園天皇即位。雖說是北朝系統，稱光天皇和後花園天皇的血緣遠至八等親以外，實在稱不上是近親，幾乎是「陌生人」。

當時名為小倉宮的實仁親王因此勃然大怒（也有說法主張小倉宮是實仁的兒子），因幕府再三違約而決定離開京都，前往投靠伊勢國的北畠滿雅並舉兵。於是，皇統再度分裂。

到昭和時代還在對立？

幕府輕易平定了這場動亂，把小倉宮帶回京都、幽禁在嵯峨，但後來大和國的越智氏、十市氏、久世氏、楠木氏等人發起游擊戰，令幕府不堪其擾。一四四三（嘉吉3）年九月，突然有三百名士兵闖入朝廷內裏，搶走了三神器當中的神璽，這場**禁闕之變**震驚了幕府。

十五年後，神璽才歸還京都的北朝。送回神璽的是殺害將軍義教（**嘉吉之亂**，一四四一年）後，遭到幕府軍攻打而被迫自殺的播磨守護赤松滿祐的遺臣。而且，他們當時也殺了南朝的皇統尊雅王和自天王……這方面的原委相當複雜，簡單來說，就是赤松家的遺臣計劃復興在嘉吉之亂中遭到滅絕的御家。總之，南朝的皇族遇害一事，終結了南朝的組織性抗爭。

不過在應仁之亂期間的一四七〇（文明2）年，自稱是南朝皇統的小倉宮王子（並非實仁親王的另一人）在紀州舉兵，西軍的山名陣營便擁護他，以對抗東軍的細川陣營。但可惜的是，在這之後小倉宮王子下落不明，儘管如此，**從南北朝統一開始將近八十年，南朝仍持續與幕府（北朝）抗爭**。

而且令人驚訝的是，在太平洋戰爭結束的翌年，昭和21年，一位名叫熊澤寬道的人向GHQ（駐日盟軍總司令部）發送了一封請願書，上面寫道「我是南朝皇統的繼承人，昭和天皇應讓位給我」。這件事在媒體間引起軒然大波，還稱他為熊澤天皇，讓他一躍成為時代的寵兒。

各位有什麼感想呢？南北朝動亂後依舊持續對立，這不是非常戲劇化嗎？

PART
2

戰國時代／安土桃山時代

第一節課 戰國時代

為戰國時代揭幕的，竟不是應仁之亂……

年表	主要歷史大事
1454年	享德之亂
1467年	應仁之亂開始
1477年	應仁之亂平息
1493年	明應政變

房野

提到戰國時代的起點，那就是「**應仁之亂**」了吧。

「畠山．斯波兩管領家發生家督之爭，將軍家內第八代將軍足利義政的弟弟義視，與擁護兒子足利義尚的義政之妻日野富子之間，也連帶發生家督之爭。而在當時，爭奪幕府實權的細川勝元和山名持豐（宗全）介入這些家督紛爭，導致衝突加劇，直到一四六七（應仁元）年，演變成揭開戰國時代序幕的應仁之亂。」（《詳說日本史B》山川出版社 二〇二一年）

就跟課本上所寫的一樣，這是一場**足利義政和細川勝元**的東軍，與**足利義視和山名宗全**的西軍所爆發的大戰（足利義視從東軍跳槽去西軍）。

不過，近年蔚為話題的，卻是「應仁之亂的原因並非將軍家族騷動」的說法。

沒有證據顯示**日野富子**反對足利義視就任將軍。

富子之所以有惡女的稱呼，只是「為了支撐幕府財政而積蓄錢財」所造成的誤解。

引發動亂的重要家督之爭並不是發生在將軍家，而是畠山家。

這個說法大幅扭轉了長久以來大家對「應仁之亂」的認識。

不只如此。

「應仁之亂」一直號稱是戰國時代的起點，但真正的起點是

明應政變。

這個說法最近也成為主力。

這個事件或許讓人陌生到念不出來，因為課本上只有在注釋裡稍微提一下而已。

那麼，我就大致解釋一下這場政變的原委吧。

「管領**細川政元**（勝元之子）為了廢黜第十代將軍**足利義材**（後來的義尹、義植），扶植**足利義澄**就任第十一代將軍，遂發起政變。」

首先讓各位知道這段非常精簡的摘要。

這段話就足以解釋整個內容。但只有這樣的話會讓河合老師負擔很大，所以我還是再補充一點奇怪的詳情吧。

在應仁之亂過後。

第九代將軍**足利義尚**試圖重振嚴重衰退的幕府權威，便出兵近江，討伐**六角行高（高賴）**。

他在軍營駐紮了很久。

結果就病死了。

真糟糕，太慘了。

但還是要決定繼承人才行。

因此，出現了兩位候補的繼承人。

一位是因為西軍在應仁之亂敗退，而隨著盟主父親義視一同逃向美濃的**足利義材**。

另一位是第八代將軍義政的異母兄堀越公方足利政知的兒子，**天龍寺香嚴院主清晃**（後來的義澄）。

細川政元擁護的是清晃。他與清晃的父親**足利政知**結盟，共同擁立當時年僅9歲的清晃，然而最後選出的將軍是足利義材。

因為，義政的正室兼義尚的母親、掌管幕府政務的將軍家代表**日野富子**，**推舉的人選是義材**。

但是，就算富子沒有阻撓足利義視就任為將軍，在應仁之亂中身為西軍領袖的義視對她來說仍是仇敵。為什麼富子會支持義視的兒子義材就任為將軍呢？

因為義材是她妹妹的兒子，也就是說，義材是她的外甥。

不過，細川政元無法接受這個結果，原本是西軍陣營的人怎麼可以成為將軍……政元和前東軍陣營的政所頭人**伊勢貞宗**一同表達抗議，富子答應將政務交給政元打理之後，他才終於認同了這個決定。

於是，義材在日野富子、父親義視、母親日野良子（富子之妹）的支持下，就任為第十代將軍……然而好景不常，

義材很快就失去了這三個人的支持。

雖然日野富子擁護義材，但（據說）她為了牽制忽然大權在握的義視和義材、避免他們失控，便決定將**小川御所**讓給清晃。

小川御所是已故將軍義政（第八代）所擁有的別墅，也是義尚（第九代）曾經長期居住過的宅邸。

既然如此，義視當然會覺得莫名其妙了。

把與前代和前前代將軍都有淵源，也可以說是「**將軍象徵**」的宅邸，給了另一位候補繼承人清晃，這件事讓義視擰眉瞪眼，質疑富子：「這是怎麼一回事？」

「難道當上將軍的不是我兒子嗎!?」勃然大怒的義視居然就**大肆破壞了小川御所**。

想當然，富子與義視、義材父子的關係因此惡化了。

義材雖然是正式受到朝廷任命的將軍，但不久後良子、義視相繼去世，失去父母的義材變得孤立無援。

但是，失去支援和後盾的領袖，依然有辦法提高向心力。

只要變強就可以了。

義材效仿前任將軍義尚出兵討伐六角行高，試圖藉此鞏固將軍的權威。

不過，細川政元反對這次討伐。

但義材依然出兵上陣了。

結果，有眾多大名加入、坐擁大軍的幕府軍討伐成功。

義材建立了自信後，忽略反對自身政策的政元，轉而與同樣身為三管領的**畠山政長**加強結盟（「三管領」是職位僅次於將軍的「管領」家族，分別是斯波氏、畠山氏、細川氏〈請參照107頁〉）。

義材在畠山政長的請託下決定出兵河內，以解決從應仁之亂延續下來的畠山氏家督之爭。

不過，細川政元反對這次討伐。

但義材依然出兵上陣了。

這個情況似曾相識啊。

政元大概是這麼想的吧，內心波濤洶湧。

「說好的『政務交給我打理』呢。這豈不是無視我的意見，發動兩次大規模軍事行動了嗎，將軍似乎還想排擠反對政策的我……」

這個想法在政元心中蠢蠢欲動，而且，

「要是政長統一了畠山氏，就會成為阻擋我的強力對手，不得不防……」

不曉得他是否考慮到了這一點，因此終於發動了**政變**。

政元與政所頭人伊勢貞宗、有力大名赤松政則等人合作，拉攏與畠山政長競爭的畠山基家，最重要的是得到日野富子的支持，做好萬全的準備後舉兵開戰。他趁義材在河內作戰時，進攻義材在京都的關係人士及其弟弟、妹妹出家的寺院，宣布廢黜第十代將軍足利義材。

而後，他迫使清晃還俗（從僧侶回歸俗人），擁立他為第十一代將軍足利義遐（後來的義高、義澄）。

之後，政元便將義遐當作傀儡，掌握了幕府。

他獲得了足以稱作**半將軍**的龐大權力。

但是，後來政元也與義材和其他武士之間發生了更多糾紛……接下來就交給河合老師解說了。

老師，戰國時代的序幕這樣解釋可以嗎？

河合

戰國的起點是享德之亂？

關東早就進入戰國亂世

感謝房野老師非常充分地解說明應政變。

也可以說充分到消化不良了。這段歷史有好幾位畠山，還有赤松、伊勢、細川，陸續出現好幾位只聽過姓氏沒聽過名字的人，如果再說得更詳細，讀者恐怕就會直接闔上書本了吧。

因此，就由我來道出一件令人震驚的事實吧。

房野說過戰國時代的起點並不是應仁之亂，而是明應政變，根據近年的主力說法，全日本進入戰國時代的時間點，的確就是明應政變。

但是，**若僅限於東國（尤其是關東）的話，是比明應政變，甚至應仁之亂更早的時**

候就已經進入戰國時代了。

而且，這個事實已經記載在日本史的教科書上了。

「一四五四（享德3）年，足利成氏謀殺上杉憲忠，引發享德之亂。從此以後，關東便進入戰國時代。」（《詳說日本史B》山川出版社 二〇一一年）

「蛤？享德之亂是什麼？？」

應該很多人都有這個疑問吧。還有足利成氏與上杉憲忠這些人物，如果運氣好的話，一百個人裡大概會有一個人知道他們是誰。

那麼，我就盡可能簡單扼要地說明為關東揭開戰國世代序幕的享德之亂吧。

在室町時代，東國是由幕府的行政機關鎌倉府統治。鎌倉府的長官是鎌倉公方，而從旁輔佐並處理政務的是關東管領。鎌倉公方是由足利尊氏的子孫，關東管領則是由上杉一族代代世襲就任。

但是，鎌倉府的勢力逐漸壯大，開始與京都的室町幕府對立。尤其是身為鎌倉公方的持氏，反抗第六代將軍義教。為此憂心的關東管領上杉憲實告誡持氏，結果持氏惱羞成怒，試圖討滅憲實。將軍義教知情後，便派出大軍前往關東，逼迫持氏自盡、消滅了鎌倉公方。憲實也因自己逼死了主君持氏而感到自責，退隱出家。

之後，取代哥哥憲實就任為關東管領的清方穩定了關東的情勢，但他卻在一四四四（文安元）年猝逝。因此，憲忠（憲實的兒子）繼承了管領一職，當時年僅15歲。於是，鎌倉公方（已故的持氏）陣營的武士士氣大振，強力推動幕府復興鎌倉公方。

幕府也認為復興鎌倉公方才能維護關東的安定，便答應了他們的要求。由持氏遺留的兒子成氏就任鎌倉公方。隨著鎌倉公方的復活，原本失勢的公方陣營武士突然重整勢力，引發騷動以奪回過去遭到沒收的領地。**公方陣營和管領陣營經常發生抗爭，關東別說是安定，反而變得更加混亂**。

鎌倉公方一分為二

享德3年十二月二十七日，事件終於爆發。

成氏利用話術將憲忠引出宅邸，憲忠不疑有他，只帶了幾名隨從若無其事地去見成氏，就這麼輕易被殺害了。

於是，公方陣營（成氏）與管領陣營全面開戰。室町幕府也派出追討軍攻打成氏。而且在一四五八（長祿2）年，將軍義政任命異母兄政知就任為新的鎌倉公方，並派駐關東執掌事務。

因此，**鎌倉公方分裂成逃至下總國古河的成氏（古河公方），以及據點在伊豆國的政知（堀越公方）**。

此外，相較於獨占關東管領職的山內上杉氏，同族的扇谷上衫氏則是在重臣**太田道真、道灌父子的活躍**下，勢力日漸壯大。山內上杉氏與扇谷上杉氏開始鬥爭。

不僅如此，山內上杉氏的重臣長尾景春還發起叛亂，與宿敵古河公方成氏結盟。情況變得一踏糊塗。

古河公方、堀越公方、山內上杉氏、扇谷上杉氏、山內上杉的家臣長尾氏、扇谷上杉的家宰太田氏等許多有力人士，不斷上演對立和同盟的戲碼，關東地區的情勢逐漸陷入混沌。在這無盡的循環之中，突然有一股巨大的勢力入侵關東，就是伊勢長氏（北條早雲）。

無論如何，**這場延續約三十年的享德之亂，讓關東地區比西國更早進入戰國時代**。

室町幕府的架構

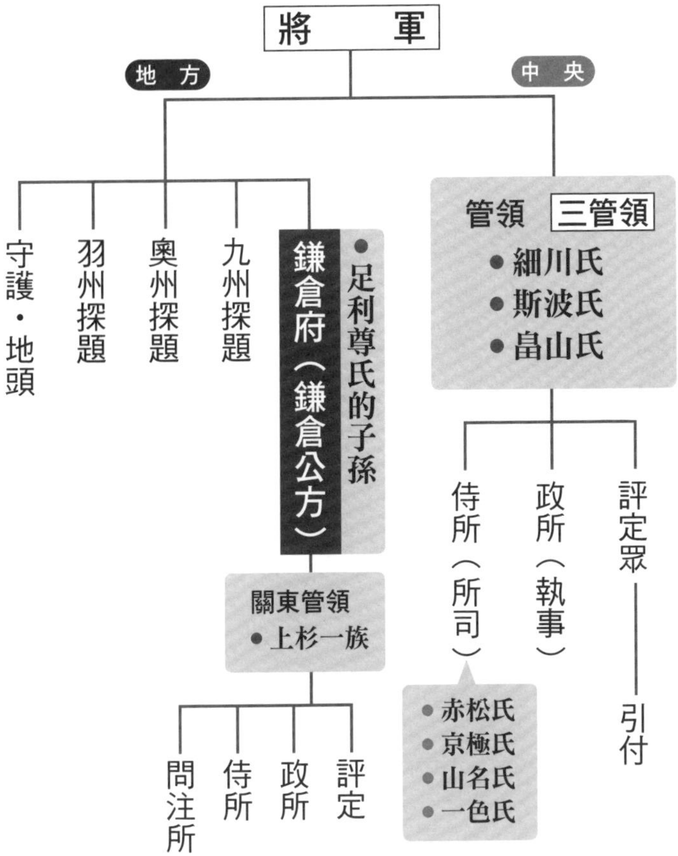

參考：引用修改自《新　再讀一次山川　日本史》（山川出版社）

第二節課　戰國時代

北條早雲劇變的前後對比

年表	主要歷史大事
1493年	北條早雲攻進伊豆
1516年	北條早雲平定相模
1543年	鐵砲傳來（有諸多說法）
1549年	基督教傳來
1571年	織田信長火燒比叡山
≀	
1582年	本能寺之變

房野

如果你喜歡戰國時代，那麼**北條早雲**這個名字一定聽說過對吧。

在前面河合老師的解說中稍微露了下臉的早雲，擁有「**第一位戰國大名**」和「**下剋上的先驅**」這些名號，由此可見，他是**戰國的先鋒**武將。

既然是先鋒，當然就代表他推動了各種革新的創舉，其中一個例子，就是「**發明印判狀**」。各位看過戰國大名的文書上蓋了大大的印章嗎？最著名的印章就是信長的「天下布武」。這個印章就稱作「印判」，蓋上印判的文書就是「印判狀」，而最早在武家使用這個印判狀的，據說就是北條早雲。

大名可以用印判狀直接發公文給村落，作法堪稱劃時代……這個部份如果要說明的話會拖得很長，各位只要想像成品牌製造商直接與消費者交易的D2C模式即可。雖然這裡並不是在談商品買賣，不過這就像是直接跳過批發零售的感覺。

早雲刻有「**祿壽應穩**」（意指讓領民的祿〈財產〉和壽〈生命〉都安穩無虞）四個字的「虎之印判」，成為北條氏專屬的印記，印判狀就是從早雲開始成為戰國時代的文書形式主流。

順帶一提，以前普遍認為製作「祿壽應穩」印章的是早雲之子氏綱，不過現在已視為由早雲所做。

再補充一點，相傳最早的戰國大名印判狀，是出自成年以前的今川氏親（今川義元的父親）之手，不過根據歷史學家黑田基樹老師的研究，「戰國大名的印判狀並不會有發行者的署名，只會蓋上印判發行，但氏親的文書上有署名，並且蓋印來代替花押，『只是用印判來取代花押』，所以不能算是印判狀」。而且，早雲是氏親的監護人，因此也與這份文書有關。

如果再繼續談早雲的革新創舉，內容會變得有點偏門，所以我們還是回歸輕鬆的話題吧。我想為不太熟悉戰國史的人，介紹一下「**認識以後會覺得很有趣的北條早雲**」。

一開始，最簡單好懂的介紹大概就是

「北條早雲以前跟現在差很多」。

年紀比我大的讀者（40出頭以上）當中，應該有人對早雲的認識是這樣的：

・北條早雲，生於一四三二年。
・出生地不詳，可能是伊勢的無主武士。
・前往駿河投靠身為守護大名今川義忠側室的妹妹。
・今川家因義忠猝逝而發生騷動，擁護義忠和妹妹的兒子龍王丸（後來的今川氏親）的派閥，與反對勢力發生鬥爭，早雲介入調停成功。
・早雲討伐反龍王丸派後，獲賜興國寺城，仕於今川家。
・62歲時趁著伊豆國內亂，成功奪取伊豆。
・欺騙小田原城主大森氏，以火牛計攻占小田原城。
・85歲統一相模國，被後世評為「中高年之星」。
・極盡謀略，名列戰國三梟雄（另外兩位是齋藤道三、松永久秀。亦有說法認為有宇喜多直家）的「下剋上典範」。

大概就是這些吧，但**這全部都大錯特錯**。

當然他仕於今川家、獲得伊豆和相模這些大事件並沒有錯，可是近年的研究已經顯示他達成這些事的過程完全錯誤。課本上會出現的人物當中，前後對比變化如此劇烈的，大概就只有早雲了。

首先，**他的名字錯了**。

可能會有人想說「居然從名字就錯！」就跟河合老師解說過的一樣，他真正的名字是「伊勢」，他叫作「**伊勢新九郎盛時**」，出家後的名號為「**伊勢早雲庵宗瑞**」。

北條五代的始祖是盛時（早雲），但**他生前並沒有自稱過北條**。是第二代氏綱為了強調來自他國的伊勢氏統治關東的正當性，才開始使用與關東淵源深遠的「北條」這個稱謂（也就是引用自鎌倉幕府執權北條氏）。所以，**嚴格來說，將北條早雲稱作「北條」**

完全是錯誤的。

那麼，這個伊勢氏究竟是何方神聖呢……

各位知道室町幕府的統治體制（請參照107頁）當中，有個負責管理幕府財政、處理領地相關訴訟的「政所」嗎？這裡的長官稱作「政所執事」（又叫政所頭人），相當於現代的財務部長。

從室町時代的中期開始，政所執事成為特定氏族的世襲（由雙親傳承給孩子）職位，這個氏族就是伊勢氏。

盛時屬於伊勢氏的庶系（從本家分出去的一族），出生於擁有備中國荏原鄉（岡山縣井原市）領地的「備中伊勢氏」家族。

不過，他的父親盛定娶了本宗家伊勢貞國的女兒為妻，所以盛時相當於伊勢氏本宗家的外甥。

簡單來說，就是

「盛時雖是分家的孩子，但他爸爸跟本家的人結婚，所以盛時也是本家的一分子。」

因此盛時長大成人後，成為室町幕府第九代將軍足利義尚的**「申次眾」**，在京都活動。申次眾是負責傳達來到將軍御所的訪客姓名和造訪目的的職位，相當於**現代的祕書官**。

那麼，我就用現代的說法來統整一下盛時目前的經歷吧。

「通稱為北條早雲的伊勢新九郎盛時，出生於財務部長的家庭，本身也是在政府裡擔任祕書官的青年官僚」。

大概就是這種感覺。

前：來歷不明的無主武士

後：菁英青年官僚

這個轉變未免也太像是另類的灰姑娘童話了。

而或許會讓第一次聽說這些事的讀者有點傻眼的，應該就是他的「年齡」了。他在85歲平定相模，62歲奪占伊豆。在平均壽命比現代要短上許多的戰國時代，這個歲數做出這些事，**可以歸類為仙人了**。

不過，這看起來是與他的叔父伊勢貞藤的歲數混淆了，更何況出現新的史料記載盛時享年64歲，因此目前的主力說法是他出生於一四五六年。

如果這個說法為真，那他就是在61歲平定相模，38歲奪占伊豆，這個論點不僅非常合理，也不會讓現在的大叔感到壓力山大。

總之，這裡介紹的只是早雲（盛時）的一部分變化。

他他的生存方式是忠於自己的野心，奪占國家，並成為下剋上的代名詞……原本給人的印象應該是這樣吧。這個凸顯出「下剋上」、像是**欲望和陰謀化身**的印象，也快要被推翻了。

比方說，他攻占伊豆並非出於獨斷，而是受到前面介紹過的「明應政變」影響才採取的行動，這個觀點現在愈來愈強勢。

細川政元擁護的足利義澄，遭到母親和異母兄足利茶茶丸殺害，而為了討伐茶茶丸所發起的行動，就是攻占伊豆。

雖然還有很多事想讓大家知道，但我想篇幅應該差不多這樣就夠了。關於北條早雲的事蹟，我覺得自己有好幾個段落寫得太熱烈了，可能是因為備中國荏原鄉是我的老家吧，讓我特別有感觸。

河合老師，很抱歉我要提出一個不尋常的問題，或者說「要求」比較恰當，可不可以趁這個機會請你介紹一下你想讓大家認識的人物呢？

河合 「謎樣的明智光秀」從何而來

期望復興幕府的光秀前半生來歷不明

房野提出的北條早雲新學說，實在是非常詳盡呢，完全搶走我介紹新學說的拿手好戲了。

那麼，我一定要介紹給大家的武將，就是因二〇二〇年的ＮＨＫ大河劇《麒麟來了》而蔚為話題的明智光秀。看過這部大河劇的讀者，應該都很訝異劇中將他塑造成非常正直的武將。因為在這之前，大家對他的印象基本上都是圖謀造反、殺害主君織田信長的逆臣，形象極為負面。

那麼，我們先來看看讓大家建立起光秀刻板印象的坊間傳聞說法，與近年學者研究所提出的學說差異吧。

明智氏是繼承了美濃土岐氏（清和源氏）血脈的名門。但名門出身的光秀，其居城明智城（岐阜縣可兒市）卻遭到齋藤義龍（道三的兒子）攻陷。光秀後來成了無主武士，流浪各地並歷經修行後，以五百貫文（一貫文＝約十五萬日圓）的俸祿受雇於越前的朝倉義景。這對無主武士來說是非常優渥的待遇，據說這是他出色的鐵砲術獲得高度肯定的緣故。

之後，將軍足利義輝之弟義昭拜訪光秀服侍的朝倉氏，義昭委託朝倉氏率軍進攻京都，打倒殺死他哥哥的松永久秀與三好三人眾，期望藉此復興幕府。但是當主義景卻無動於衷。這時，光秀便接近義昭，答應將尾張的織田信長介紹給他，因為光秀與信長的正室濃姬是表兄妹。

於是，光秀成為信長與義昭的仲介，信長擁立義昭入主京都、成為將軍，復興了室町幕府。此後，光秀同時隸屬於義昭和信長這兩名君主，大為活躍。

好了，前面所說的這些，其實，全部都沒有一次史料可以佐證。所謂的一次史料，就是指當事人的日記、信件、公文書等資料，除此之外都稱作二次史料。最具代表性的二次史料，就是後世編纂的軍事題材作品。二次史料會有誇大、創作和很多虛構的情節，所以歷史學基本上只會採用一次史料，盡可能收集更多一次史料，驗證並排除有誤解的可疑文書，逐漸釐清過去的事實。但是，**目前完全找不到任何關於明智光秀的一次史料，所以歷史學只能將他的前半生視為「不詳」**。

不過，也因為大河劇引發的話題，讓研究者開始從疑似與光秀稍有關聯的一次史料當中，推敲出光秀的前半生，結果查出下列結果。

「光秀可能來自美濃，土岐氏出身的說法似乎是他本人為了美化自己才捏造出來的。他可能曾經住在越前，但朝倉方面的史料裡找不到光秀的名字，所以他並不是朝倉氏的家臣。」

至於他為義昭與信長仲介的逸聞，否定的意見則是較為強勢。也有學者認為光秀只是美濃的土豪，是義昭的重臣細川藤孝的家臣。

此外，光秀還有一個傳聞，就是「他愛護妻子，所以沒有納妾。妻子熙子也為了款待光秀的訪客，特地賣髮籌錢」。這件事也沒有一次史料佐證。不過，有文書證明他不曾納過側室，生病時夫妻倆都會為了對方，委託公家祈禱早日康復，所以可以確定他們夫妻鶼鰈情深。

信長被狡猾的光秀欺騙了嗎？

光秀首度出現在一次史料，是在一五六九（永祿12）年。他同時隸屬義昭和信長，參與協助京都的治理，還有發送給寺社的安堵狀（確認領地和職位等權力的文件）。另外，可信度很高的二次史料中，太田牛一所寫的《信長公記》裡，也記載了這年三好三人眾包圍義昭的臨時御所本圀寺時，光秀曾經挺身迎戰。

在短短兩年後的一五七一（元龜2）年，光秀因為在火燒比叡山延曆寺的討伐行動中位居核心，獲得信長賜予的近江國志賀郡（滋賀縣大津市），於是開始建造坂本城。他是織田家臣中第一位擁有城郭的大名，是最成功的家臣。

為什麼信長要重用光秀呢？當時到訪日本、與信長交情甚篤的傳教士路易士・佛洛伊斯，記錄了箇中緣由。

「（光秀）憑著才略、深慮、狡猾而受到信長寵愛。」「他毫無破綻地偽裝自己。」「他比任何人都積極向信長獻殷勤，為了博取信長的親愛之情，他甚至調查所有能夠討信長歡心的事，費心注意不要忤逆信長的嗜好與意願。」（《佛洛伊斯日本史》路易士・佛洛伊斯著 松田毅一、川崎桃太郎譯 中央公論社）

倘若這些都是事實，那**光秀實在是個惹人厭的惡棍**呢。

佛洛伊斯的《日本史》，是參考傳教士前輩和自己的經驗寫成的同時代編纂作品，所以可信度很高。

不過，由於書中帶有很明顯的基督教偏見，會描述成這副模樣，或許意味著**光秀痛恨基督教**。

但要是正向解讀佛洛伊斯的敘述，可以得知光秀**是個有才能且深謀遠慮、能夠費盡心思討對方歡心的人**，所以才會連信長都願意拔擢他。

之後，光秀隨著義昭與信長的關係惡化而放棄了義昭，只以信長的家臣身分活躍。一五七九（天正７）年，他平定丹波一國後獲賜該領國，成為國持大名。然而在一五八二（天正10）年六月，光秀卻襲擊身在本能寺的信長、迫使他自盡。是什麼原因讓他決定謀反呢。關於這件事有數不盡的說法，但是並沒有任何記載詳細理由的一次史料，所以真相依舊埋藏在黑暗裡。

出處：東京大學史料編纂所所藏 摹本「傳 明智光秀畫像 妙心蘭秀贊」

第三節課 戰國時代

現在是信長的過渡期

年表	主要歷史大事
1560年	桶狹間之戰
1570年	姊川之戰
1571年	織田信長火燒比叡山
1573年	室町幕府滅亡
1575年	長篠之戰
1582年	本能寺之變

房野

大家看完鎌倉幕府那一節課裡河合老師的部分了嗎？

作為歷史名詞的「戰國大名」的解說，真的很有趣對吧。

但是慢著，現在可不是悠哉的時候，

難道信長原本並不想統一天下嗎？

應該有好幾個人都這樣驚呼出聲了吧（還是驚愕失聲呢）。

當時的「天下」並不是指全國，而是畿內？信長只是想復興室町將軍的政治？

不一樣。我們長久以來對信長的印象，與河合老師稍微提了一下的信長形象不一樣。信長應該是更有「野心」的武將才對啊……

不是喔。其實近年的信長形象並非如此。

現在，是信長的「過渡期」。

簡單來說，以往的信長形象是

「不屑舊有的體制，憑藉革新的創意與戰術，企圖統一天下的戰國時代風雲人物。」

應該是這樣吧。

他無視傳統和舊習，只要不合理，就算對象是幕府和神社佛閣也一併剷除。他的這個原則也反映在家臣的任用上，身分低微卻有堅強實力者可以就任要職，能力低落者不管資歷再長都會馬上開除。不過，他無人能並駕其驅的強大力量著實魅力十足。在「喜歡的歷史人物」問卷調查裡必定名列前茅，只要手裡有鐵砲就萬夫莫敵的東海第一代表，就是

我們想像中的織田信長。

前面已經提過，近年對信長的評價已經大不相同。

革新、破壞者這些原始印象逐漸稀薄，如果用可爾必思來比喻的話，就是稀釋到變成只是有點混濁的水了，**讓信長之所以是信長的特色都一個個「消失」了**。

如果要簡單總結信長近年的評價，那就是

「與既有勢力協調，試圖維護國內秩序與和平的保守大名。」

這就是織田信長。這個變化程度跟脫皮沒兩樣。

與既有勢力協調。

這個意思是說，信長會和幕府、朝廷合作，而且還尊重它們，歷史迷看到這一幕，應該會想：

「不對不對，你不是把足利義昭逐出京都嗎，還消滅了室町幕府欸。」

信長的確把義昭逐出京都了，但這終歸只是「道不同不相為謀」，不能當作信長一開始就想消滅幕府的證據。

老師的解說裡也提到「信長試圖復興室町將軍的政治」，我們經常在戲劇裡看到的「足利義昭（室町幕府第十五代將軍）是信長的傀儡」這個說法，近年來也遭到學者研究的否認。

在某個時期以前，這兩人原本是武力和權威可以互補、完全雙贏的關係（雖然後來對立了）。

而且，如果要談關係的變化，那最好也要聚焦一下「信長與朝廷」。

在這之前，我們都一直以為信長非常叛逆。

「信長也試圖排除天皇和公家吧？」

「那傢伙本來是想在日本稱王。」

實際上也有好幾個可以作為證明的話題，最常用來舉例的就是

「馬閱兵」。

「馬閱兵」是在閱兵中展示信長收集的名馬，舉行地點在京都。

他下令家臣與名馬在京都集合，騎著馬的武將個個都打扮得非常華麗，信長本身也穿著極其花俏的裝扮，舉辦了這場觀眾號稱有數十萬人，**前所未有的駿馬慶典**。不過，後世卻認為如此非凡熱鬧的場面，

「根本是在威脅朝廷！信長是為了展現自己的力量才舉辦馬閱兵，這是在恐嚇正親町天皇和朝廷！」

的確，公家們在自己的地盤親眼目睹如此精采的一大盛事，應該都覺得「信長太可

怕了……」而嚇得發抖吧。

但是，要求舉辦這場馬閱兵的，

竟然是朝廷。

在京都之前，信長原本是在安土舉辦馬閱兵，朝廷聽說此事後，便邀請信長「你要不要也來京都辦一下啊！」

信長接到邀約後，也爽快地答應了。

「我準備了這麼久，就是想讓正親町天皇開開眼界啦！」

朝廷為前年病逝的誠仁親王（正親町天皇的皇子）生母房子服喪結束後，希望可以觀摹信長舉辦的豪華馬閱兵，於是才會敲定舉辦這場京都的馬閱兵大典。

所以，親眼見識到馬閱兵的正親町天皇、誠仁親王和公家別說是害怕，反而大為歡喜。據說朝廷還因為太興奮，而要信長再舉辦一次，信長也答應安可演出，舉辦了第二次（不過第二次的規模比較小）。

這只是其中一個例子，但足以看出信長與朝廷關係和睦。不如說，在戰前**信長是「效忠天皇」**而聞名，願意作為朝廷強力的後盾。

但是這樣寫的話，會讓人以為他也可以跟傳統勢力溫和交好，呈現出擅長外交、溝通能力超群的形象，但實際上又不是這麼一回事……

就跟大家知道的一樣，信長的巔鋒是「本能寺之變」，他因為明智光秀的背叛而結束了一生。

但是千萬不要忘記了，光秀可不是第一個背叛他的人。

信長就是整天遭到背叛啊。

背叛過他的大名有淺井長政、武田信玄，家臣則有松永久秀、荒木村重。如果他擅長外交、溝通能力超強的話，根本不會被這麼多人背叛，反正大家都不願意支持他。更何況，不管是誰在得知自己被背叛時，第一反應應該都一樣。

「蛤，怎麼可能？」

背叛總是出乎意料才會讓人感到震驚。在遭到背叛的那個瞬間之前，我們根本不會察覺對方的不滿情緒。

搞不好，信長就像是漫畫裡的不良少年一樣，以為「**拜把後就是一輩子的兄弟！**」我實在想不出其他解釋，只能這樣懷疑。

雖然我只是大致介紹，不過以上就是「最近的信長」其中一部分。

怎麼樣？既然已經知道信長與既有的勢力關係融洽，還有不善外交的頑皮部分，那你對信長的印象也徹底改變了嗎？你的答案是不是否定的呢。

畢竟他在戰術和政策方面依然留下了許多革命性的創新點子。

信長終究是個超能領袖啊。

如果你是這麼想的話，這個印象或許還是會顛覆。

比方說，信長的事績（事業和功績）裡經常用來舉例的三段擊和樂市樂座，這些在以前的課本上閃閃發光，學校老師也再三強調的發明，到了現在……就讓河合老師來接著解說吧！

不論好壞，織田信長始終「引人注目」。

但比起被誇飾成魔王或天才，**施政踏實且務實的信長**反而顯得更帥氣，難道只有我這麼想嗎？

河合 長篠之戰只是單憑懸殊的兵力取勝

現在課本上革新的信長形象

首先，請各位閱讀下面這篇文章。

「信長嚴格要求家臣團必須集中居住在城下町，建立了具有機動性的強大軍事實力，他憑著傑出的軍事手腕，陸續打敗了各個戰國大名，而且也積極戰勝了傳統的政治和宗教秩序與權威。

經濟方面，信長在征服的領地廣泛實施了戰國時代普及的指出檢地，並廢除關所，還以武力攻占了曾經繁榮一時的自治都市堺，當作直轄地，將畿內的高度經濟實力納為己有，他還在安土城下町頒布樂市令，開放工商業者自由買賣，強力推動重視都市與工商業的政策。」

這是高中日本史教科書《詳說日本史B》（山川出版社 二〇一一年）裡介紹織田信

長業績的部分。

各位有何感想呢？

房野已經告訴大家關於信長的新學說了，但現在學校課本裡描寫的信長形象依然相當革新，而且寫出他改革了過去的傳統權威與政策。

所以，各位小學、國中、高中的同學，千萬別在學校考卷上寫出新的學說。就算不小心寫出來導致答錯，也不能怪房野，請自己負起責任。

與其說是三段擊，更像是排隊收銀？

那麼，我就來談談房野要求的長篠之戰裡的三段擊吧。

首先，大家來看一下現在的課本怎麼介紹這段歷史。

「信長在長篠之戰裡，採取使用大量鐵砲的戰法，大勝以騎馬隊為中心的強敵武田勝賴軍。」（《詳說日本史B》山川出版社二〇二一年）

課本上是這樣寫的。

不過在大家印象裡，織田的足輕鐵砲隊是用三千挺鐵砲進行了三段擊，擊退了無敵的武田騎馬軍團。

這個印象是來自於小瀨甫庵的《信長記》和太田牛一的《信長公記》。**當時完全沒有任何一次史料詳細記載長篠之戰的經過**。所以，現狀是各個研究者只能根據間接的史料和證據，提出各自的說法。

而在近年，**出現了「否定三段擊」的傾向，士兵更像是在收銀機前排隊一樣，填好彈藥的人依序上前射擊，這個說法漸漸成為主流**。

此外，目前還證實武田軍也擁有大量鐵砲，但因為武田軍沒有足夠的鉛，只能將銅錢熔鑄成鐵砲彈來使用。

另一方面，根據分析的結果，織田軍的砲彈當中，居然有一部分與泰國的礦山成分相符，可能是經由某種管道從海外進口的吧。

順帶一提，**長篠城附近有鉛礦山**，因此也出現了**這場戰役是為了爭奪鉛礦資源**的新學說。

另外，雖然武田騎馬隊相當知名，但也有其他說法認為可能根本就沒有騎馬隊。

至於我嘛，個人認為**信長的勝因，只是單純在兵力的差距**（織田德川聯軍的兵力是武田軍的兩倍以上）啦……

樂市樂座是很多大名早就實施的政策！

那麼，接下來要談的是樂市．樂座（樂市令）。

關於這方面，評價也有很大的轉變。

樂市令是不承認有特權的同業者（商人、工匠）工會，免除市場稅等稅金，讓所有人都可以自由加入商業買賣的法令。

日本史教科書上，經常以原文介紹安土山下町（安土城的城下町）頒布的樂市令。

但是，研究者柴裕之先生卻在著作中寫道，「長久以來，在信長『革命家』形象之下，樂市樂座被定位成信長所做的劃時代事業。但目前已經證實，**各地戰國大名也實施**

什麼是樂市・樂座？

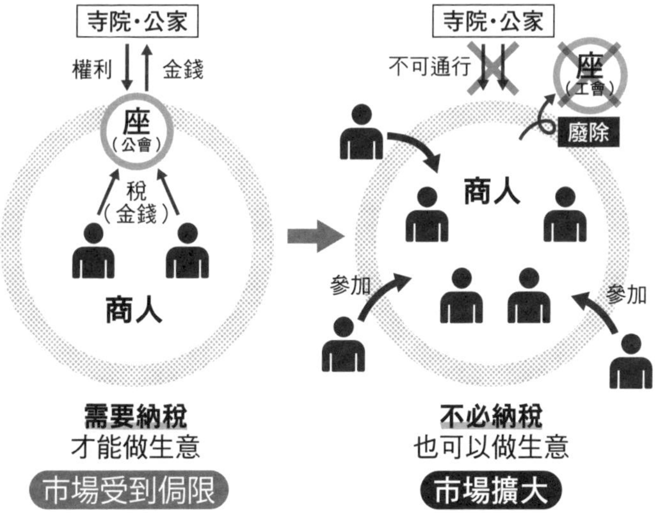

了**『樂市樂座』**，而且實施的背景在於各個地區固有的地理條件和歷史淵源」，「安土山下町是成為織田權力的據點後匆忙開闢的新興都市，因此才需要振興都市的措施」，「如果既有的座能讓市場順利流通無礙，就會予以保護」。（《織田信長 貫徹戰國時代的「正義」》平凡社）

也就是說，如同課本所寫的，將毫不留情地解散傳統既得利益團體、廢除各地市場的稅金、開放自由交易全都歸功於信長，這個觀點已經漸漸落伍了。

第四節課 戰國時代

一生寫滿注釋的天下人 豐臣秀吉

年表	主要歷史大事
1582年	備中高松城之戰
	山崎之戰
1583年	賤岳之戰，開始建造大坂城
1584年	小牧・長久手之戰
1585年	羽柴秀吉平定四國，就任關白
1587年	豐臣秀吉平定九州，頒布伴天連追放令
1588年	刀狩令
1590年	豐臣秀吉平定小田原，平定奧州（統一全國）

人物知名度和介紹的長度會成反比。

介紹大家都認識的知名人物和角色時，一點也不費力。

假設要介紹哆啦A夢，只要說「就是那個哆啦A夢」即可。

如果有一天需要賣關子，說「別看哆啦A夢這個樣子……其實他是隻機器貓喔……」那他口袋裡的竹蜻蜓肯定會碎裂一地。

日本史也完全同理，在解說織田信長、豐臣秀吉、德川家康這些超級名人時，只要在「就是大家都知道的……」後面加上他們的名字，那就夠了。

即便本書會重新探索人物和事件，但在提到與這三英傑同樣知名的人物時，也非常輕鬆寫意。因為只要敘述一般廣為人知的事實，請讀者再次確認就好了嘛。

但是，如果人物資歷**造假**的話，那就有點麻煩了。

高知名度是由許多事績和大眾對這些事績的共同認識所構成。若作為基礎的事實不夠穩固，就無法簡單扼要地介紹了。

這樣就需要加上許多「雖說……但其實……」的注釋，介紹難免會拖得落落長。

不曉得各位已經看過信長的部分了嗎。如果你已經看過，就是那麼一回事。

而且啊，秀吉也是這樣喔。

或者該說**秀吉「更是」如此**。

三英傑當中……不對，要說是戰國武將當中……錯了錯了，應該是說日本史上所有人物當中，資歷最需要修訂（修正和改訂）的人，或許就是秀吉了。

太有名未必是好事。就算是不喜歡歷史的人，也對課本上沒有記載的秀吉事蹟擁有共同認知，所以實在很棘手。

因為**把信長的草鞋放進懷裡加溫的故事**，還有用類似現代預鑄建築式工法**一夜就建起城郭的故事**（墨俁一夜城），連這些**極有可能是虛構**的軼事，也被當成是史實列入秀吉的生平，所以容我再說一次，

實在很棘手。

當然，直接判定這些事蹟「居然是騙人的！」還言之過早。我們應當要拓展思考的幅度，把秀吉想成是機靈到會衍生出這些軼事的人物。

不過，這是兩碼子事。真相和虛構還是必須有所區隔，否則就無法作為我們今後活用的資料了。

那麼，現在就開始剖析秀吉的所有豐功偉業……是不可能的，所以這裡就只介紹近年新學說裡提出的一段事蹟吧。

那就是「水攻備中高松城」一事。

我要插句話，信長真的很強喔。

尤其是在一五七〇年代中期以後，織田信長的作戰方式簡直驚世駭俗。

他隨著勢力範圍的擴大而與周圍的敵人領地接壤，因此朝各個地區**派出了名為「方面軍」的大軍團**。

他派了柴田勝家前往北陸，明智光秀前往畿內，瀧川一益前往關東，織田信孝前往四國（但是在進攻四國當天〈或前一天〉發生了「本能寺之變」，所以信孝並沒有渡海前往四國）。至於中國方面軍的司令官，則是**羽柴秀吉**（豐臣秀吉）。

進攻中國的最大目的，當然就是**攻陷中國的霸主．毛利氏**。

秀吉與播磨的國人和毛利麾下武將激戰多年，終於要與毛利正面對決時，決定進攻毛利氏的部下清水宗治據守的「備中高松城（岡山縣岡山市）」。

然而，備中高松城卻是易守難攻。

高松城位於東西北三面環山的盆地，城郭周圍遍布濕地和沼澤，形成天然的濠溝，不能貿然進攻。

要是強行衝進這片低窪濕地，兵馬都會深陷泥沼，成為完美的箭靶，儼然正是難攻不落之城。

秀吉與**軍師．黑田官兵衛**絞盡腦汁，熟悉城郭周邊的地理條件和當時的氣象後，得出了答案。

「就是水。」

城郭位於盆地，附近有河川（足守川），現在正值梅雨季節。

只要建造一座堅固阻擋足守川河水的大堤防，持續不歇的雨會幫他們在城郭周圍灌滿水。

備中高松城就會化為陸上的孤島——

雖然無從確定這是秀吉提出的點子，還是官兵衛獻計，反正他們想到了一個規模宏大的戰術，也就是反向利用適合守備的盆地和低窪濕地的條件。

不過，秀吉的強項就在於他不會讓這種點子只停留在構思的階段。他果斷行動，下令開始建造堤防。

「要花多少錢都行！」

不知道秀吉有沒有說過這句話。

總之，他為大量的勞力提供大量報酬的結果，就是**在短短十二天內，完成了全長約三公里、高約七公尺的巨大堤防。**

這座瞬間建成的長堤立即見效。

一切都如秀吉等人所料，大水淹進城內，就連緊急趕來的援軍，毛利氏當主毛利輝元、叔父吉川元春、小早川隆景等人也束手無策。

於是，備中高松城因「水攻」而淪陷，但是緊接著！扭轉秀吉命運的「本能寺之變」消息傳了過來，這又是另一段故事了。

我在小學時期知道「水攻備中高松城」這段歷史後，曾經因為秀吉的創意和效率而佩服得雙眼發亮。

最令人驚訝的是堤防的規模，七公尺的高度相當於公寓兩層樓以上，而長三公里，就是三公里嘛。

短時間內就建造出如此龐然大物，讓人不禁覺得「秀吉果然不是蓋的啊」，可是，

堤防實際上好像沒有這麼大。

堤防的高度和長度，是引用自寫於江戶時代的史料，但這個體積在現代也不可能建

成。高度約七公尺，長度約三公里，光是要運送這麼多土啊沙的，就需要多到嚇死人的卡車，就算是現代要在「十二天內」建造完成也是有點吃力。**或者該說這根本就不可能實現**（這部分就要請教從事土木工程相關工作的人了）。

而且，前面講得好像是秀吉從頭開始建造堤防，實際上那個位置早已經有天然的堤防存在，本來就有阻擋水流的效果。

也就是說，**高松城有山脈和天然堤防環繞四周，原本就是容易淹水的地方**，所以才會形成沼澤和濕地。

這樣的話，那裡每次連日下雨後就會變成一座湖嗎？倒也不是。

天然堤防和山脈突出的尖端（蛙鼻）之間，有一道約三百公尺的空隙，名叫「水越」，累積的水會從這裡排出去。

這就代表……

水攻高松城史跡公園　蛙鼻堰堤

くろうさぎ／PIXTA

需要建堤防的地方只有「水越」的部分。只要堵住這裡，高松城一帶就會淹水。

所以，根據近年的研究，秀吉在水攻備中高松城之際所建的堤防，「並不是三公里長，而是只有十分之一的**『三百公尺左右』**」。

但是三百公尺也很強了。

話雖如此，從三公里縮水成三百公尺……如果我是在小時候聽到這件事，肯定會兩眼發黑昏過去。

這裡介紹的僅僅只是其中一個例子，不過各位應該可以明白為什麼秀吉的介紹會拖長了吧。

除此之外，電影和戲劇描寫的「秀吉名

場面」裡，還有很多需要說

「但是實際上……」

來補足的地方，虛構的軼事多到數不清。

不過，這麼多軼事可以流傳到現在，也真的很厲害。

不管這是秀吉要人這麼寫的，還是後世的人編造的，只能說這一切都是源自於秀吉本人的創新力。

家喻戶曉，本性卻神祕的天下人，豐臣秀吉。

河合老師，很抱歉我問得這麼直接，請問秀吉到底是什麼樣的人呢？

河合 雖說人的魅力有表裡之分

秀吉是直爽重感情的人

「秀吉到底是什麼樣的人？」這個問題太直接了，反而很難回答……不過簡單來說，秀吉給人的印象就是機靈又爽朗。

他很有吸引力，所以也有人說他「討喜」。

但是，這些印象都是受到後世撰著的秀吉傳記《太閤記》的影響。

當時並沒有詳細描寫秀吉人物形象的一次史料。

只有《天正記》是在秀吉生前就編纂的秀吉傳記，但這是御伽眾（陪大名說話的職位）兼右筆（武家祕書）的大村由己，奉秀吉之命所寫的作品，所以內容清一色都是在吹捧秀吉，不足以採信。而參考《天正記》寫出《太閤記》的人，正是小瀨甫庵（《信長記》的作者）。

這本名為《太閤記》的傳記，後續還衍生出川角三郎右衛門的《川角太閤記》、太田牛一的《太閤軍記》，其他還有《繪本太閤記》、《太閤真顯記》、《真書太閤記》等許多版本，可見秀吉在江戶時代也大受歡迎。

不過，德川家卻不樂見秀吉如此受歡迎，於是針對最著名的甫庵著《太閤記》等書，多次頒布禁令（然而太閤秀吉的人氣根深蒂固，沒多久書又出版了）。

但秀吉有不少親筆書信流傳了下來，證明他是個**對親人用情至深、心思細膩的人**。

比方說，他在一五八五（天正13）年寫給正室寧寧的信留了下來，裡面寫道：「記得服用下劑，大便排出來才會好，但需要等上數天。我會等待這可喜的日子到來。」

「下劑」和「大便」這些詞都很清楚了，這是一封關於寧寧便祕的信。

秀吉竟然是在擔心自己太太的便祕狀況，著實令人會心一笑。

還有一封是秀吉寫給幼子秀賴的信。

「我快要等不及吸你的嘴了，但我不在的時候，你是不是會讓別人吸嘴呢。」

吸嘴的意思就是親吻。可見秀吉在見到愛子秀賴時，竟然會親吻他的嘴。

此外，給秀賴的生母淀殿的信裡，寫道：

「要經常餵阿拾（秀賴）喝奶。妳也要好好吃飯，才有足夠的母乳。」

這個意思是叮嚀淀殿要給秀賴喝足夠的奶水，並要求她多吃一點，這樣才有充足的奶水餵孩子。

順帶一提，近年發現了可以窺知秀吉人品的有趣一次史料，就是大河劇裡也出現過，直江兼續在一五九四（文祿３）年四月二日寫的信件。

當時兼續剛好來到秀吉的居城伏見城的建造工地，信裡提到秀吉在工地現場問候每一位「普請眾（工人）」。秀吉貴為天下人，仍願意與身分卑微者交談，看來秀吉果然是個親民的人。

神擋殺神的可怕秀吉

但是，光憑這樣就為秀吉這個人物下定論，還言之過早。秀吉的確有溫柔體貼的一面，但他是個**非常可怕的人**。

比方說，在淀殿懷了第一個孩子的一五八九（天正17）年，秀吉的宅邸聚樂第大門外白牆上出現了塗鴉。

雖然沒有資料明示塗鴉寫了些什麼，但據說是「淀殿懷的不是秀吉之子。秀吉突然就有孩子太可疑了」諸如此類的內容。

秀吉怒不可遏，先是削掉了十七名看門武士的鼻子和耳朵，處以磔刑。不只如此，他還下令追捕犯人，得知此事與一位叫作尾藤道休的人有關後，便連同包庇他的幾名僧侶在內，全數逮捕處死。

但秀吉的怒火並未就此平息，他甚至放火燒掉道休家所在的村莊，將六十多位村民押走，在六條河原全數殺害，其中也包括老人與孩童。

之後他仍陸續逮捕相關人士，在這起事件裡總共殺掉了一百一十三人。

只不過是個塗鴉，就讓他失去了理智。

而在一五九五（文祿４）年，前田利家的女兒兼秀吉的養女豪姬生病時，秀吉得知原因是狐狸附身後，便派了五奉行的石田三成和增田長盛前往伏見稻荷大社，向稻荷大明神遞出了下面這份朱印狀。

「宇喜多秀家之妻豪姬產後生了病，據說是物怪附身。似乎是野狐搞的鬼，故特此送出這封朱印狀。

在日本豈能有人輕視身為公權力的我，豈能有人不顧我的意志，更何況是畜牲。快給我儘速離開她的身體。

儘管我發了這封朱印狀，但若她再受到糾纏、遭遇不測，我會立即搗毀伏見稻荷大社，而且年年獵狐、將日本全國的狐狸獵殺殆盡。請神官知悉並努力祈禱吧。」

即使如此，秀吉竟敢恐嚇神祇，簡直傲慢到令人吃驚。

僅僅**八年就平定天下的秀吉，處於驕傲到誇大妄想的狀態**。

不過，他終究沒有破壞伏見稻荷大社，看來豪姬的病是康復了吧。

無論如何，秀吉不曉得是不是遭受了天譴，剛好在此事過後一年的五月開始臥病，病情逐漸加重，最終在數個月後的63歲那一年去世。

第五節課　安土桃山時代

啊，傳說中的關原

年表	主要歷史大事
1598年	豐臣秀吉去世
1599年	五大老之一前田利家去世
1600年	關原之戰
	石田三成、小西行長、安國寺惠瓊 在六條河原遭到斬首

房野

「既然這本書號稱是「日本史」，不提就罪該萬死的歷史大事，就是**關原之戰**了。

日本全國對這場戰爭的名稱認知度有96．8％，而有92．4％的人知道贏家是德川家康。

這個數字根本就是胡謅的，但依然不影響這場戰爭的知名度高到異常的事實。因為就連我某個會把「織田信長」名字念錯的熟人，也能正確講出關原之戰四個字。

在決戰當天以前，德川家康與石田三成的戰略，以及以他們為中心的各個武將暗潮洶湧的思緒，無論如何就是很有趣。

但我在這裡還是要忍住想介紹整個過程的衝動，只將主力戰役的摘要告訴大家。

東軍是怎麼成為贏家，西軍又是怎麼成為輸家的呢。請各位來見識這場發生在慶長5年九月十五日的大場面。

慶長3年八月（一五九八年九月），豐臣秀吉逝世。

失去棟樑的豐臣政權內部，理所當然爆發了政治鬥爭。石田三成等深受豐臣恩顧的武將，嚴厲譴責再三違背秀吉遺命的德川家康。

但是，福島正則和黑田長政等武將卻認為三成才是君側之奸（任意操控君主、實行惡政的家臣），表態支持家康。內部分裂的豐臣家紛爭持續延燒，最終發展成大規模的武力衝突。

戰爭的舞台，就位在美濃國不破郡關原（岐阜縣不破郡關原町）。

德川家康率領的東軍，主力武將有德川家康、福島正則、黑田長政、池田輝政、細川忠興、藤堂高虎、加藤嘉明、山內一豐、淺野幸長、松平忠吉、本多忠勝、井伊直政等等，兵力為七萬四千人。

以石田三成為中心的西軍，主力武將有石田三成、宇喜多秀家、小早川秀秋、小西行長、安國寺惠瓊、毛利秀元、吉川廣家、島津義弘、長宗我部盛親、島左近、長束正家、大谷吉繼等等，兵力為八萬人以上。

九月十五日，當天的關原瀰漫著濃霧。

東軍的先鋒是福島正則隊。而福島隊的所有成員都熱烈爭取在大戰中打響第一砲的任務。

井伊直政：「不好意思，借過一下。」

德川四天王之一的井伊直政，試圖強行穿越福島隊的軍陣。

他的腳步不見停歇，於是福島正則的家臣可兒才藏忍不住出聲阻止他。

可兒才藏：「慢著慢著慢著……」

可兒：「那個，先鋒是福島隊喔，不能讓你通過這裡。」

井伊：「啊？不是啦，我是奉大殿（家康）之命來偵察的。而且，這是松平忠吉大人（家康的四兒子，直政的女婿）初次上陣，我是想讓他在第一排開開眼界才過來的。那我就先走一步了……」

可兒：「什麼先走一步……這樣的話士兵人數太多了。既然是來偵察的話，那能請你把部隊的主力留在原地嗎？」

井伊：「啊，說的也是，那麼……」

直政和忠吉老實地接受了可兒的建議。

他們留下部隊的主力，帶了約三百名手下士兵前進。

井伊：**「上啊——!!」**

結果，直政當場與敵軍開戰。

可兒：**「你這混蛋！」**

率先攻敵的一番槍是武士的榮譽。在這種規模的大型戰役裡，讓德川家以外的人搶走一番槍，那簡直是奇恥大辱。

而且，東軍裡充斥著豐臣派武將，要是連先鋒的功績都讓給他們的話，戰後他們的勢力就會逐漸壯大，唯有這件事必須全力阻止。

直政是這麼想的，他**「一番槍必須是德川」（但嚴重違反軍法）的強烈意念**成了導火線，突然點燃了關原之戰的戰火。

福島隊朝著宇喜多隊發射大量鐵砲，黑田、細川、加藤、田中吉政等各個隊伍攻進了石田隊。

雙方在關原激烈交戰，但東西軍都缺乏決定性的一擊，戰火延燒兩小時以上仍未分出勝負。

不過，硬要說此時占據上風的……應該是西軍吧。

因為**西軍還有超過萬人兵力的部隊尚未參戰，處於保留戰力的狀態**。

石田三成：「升起狼煙！向南宮山的毛利和吉川、松尾山的小早川發出暗號！」

毛利、吉川、小早川開始行動。三成燃起的狼煙，讓大約一萬六千人的毛利吉川隊，和約一萬五千人的小早川隊

一動也不動。

三成：「怎麼回事？」

「戰」這個字不單是指大動干戈（交戰、戰爭），在戰場上兵戎相見以前的準備也非常重要。

身為西軍重要靠山的毛利氏和吉川氏，透過黑田長政與家康密通，承諾在開戰後加入東軍。

毛利秀元：「喂！出現狼煙了！是進攻的暗號！」

吉川廣家：「……」

然而，代替西軍總大將毛利輝元上陣的毛利秀元（輝元的堂弟兼養子）與吉川廣家（輝元的表弟），只有吉川廣家與東軍密通。他告訴東軍，開戰後會阻撓毛利軍出動，交換條件是獲得毛利家的本領安堵（接收土地），但毛利秀元對此毫不知情。

毛利：「你在幹嘛！你的軍隊擋在前面不動，我軍要怎麼前進！」
吉川：「啊，我現在正在讓士兵們吃便當啦。」
毛利：「便、便當……這個時候吃!?」
長宗我部盛親：「毛利，你不出動嗎？要是前方陣營不動，我們也不能擅自前進欸？」
毛利：「啊，不是……前面說現在要讓士兵吃便當啊！」
長宗我部：「現在，這種時候!?」

這就是知名的軼事**「宰相殿的空便當」**。

身為先鋒的吉川廣家按兵不動，導致毛利元秀和周圍的安國寺惠瓊、長宗我部盛親、長束正家率領的兩萬五千名以上的士兵毫無用武之地。

另一方面，答應倒戈東軍的松尾山小早川秀秋……卻在關鍵時刻猶豫不決。

小早川秀秋：「嗯……這該如何是好。」

他原本已經準備後在開戰後立刻攻擊西軍諸將，卻遲遲下不了手。

秀秋搖擺不定的心思在戰前就已經化做匪夷所思的行動，讓西軍的首腦起疑「那傢伙好像不太對勁……」此刻三成見狀，或許會覺得自己的預感很準吧，但更焦急的卻是家康。

是怎樣，為什麼不動？

要是秀秋在這個時候想著「還是投靠西軍」的話，可能就要開始為東軍的戰敗倒數計時了。

家康的背脊開始發涼。

他的焦躁轉化成熊熊怒火，朝著秀秋所在的松尾山砰！地發射一枚大砲，用砲彈表達他的催促。

秀秋：**「還是東軍吧！」**

屈服於家康威脅的秀秋，決定加入東軍。他帶兵奔下松尾山，攻擊大谷吉繼隊。大谷隊以少數兵力應戰超過一萬大軍，但除了小早川以外，作為東軍內應的脇坂、小川、朽木、赤座紛紛叛變，大谷隊全面潰敗，吉繼當場自刃而亡。

之後，因為敵軍倒戈而占了上風的東軍猛烈進攻，宇喜多隊承受不了攻勢而敗逃，石田隊奮戰了一陣子後也跟著敗逃，西軍就此確定敗北。

於是，**這場決定天下的大戰只花了一天、短短六小時，就以德川家康率領的東軍勝利而告終**。

這就是關原之戰大致的走向。

可能有人透過電視和網路，知道更詳細的經過。

不過，這次我告訴大家的概略當中最重要的一件事，就是關原之戰當天的事蹟，

幾乎都是虛構（的可能性很高）。

沒錯，前面提到這些令人印象深刻的事蹟，**全部都很可疑**。

如果想了解關原之戰，最可靠的史料是詳細記載合戰當日經過的「軍記物」（知名的《平家物語》也是軍記物）。

然而，**軍記物又稱作「軍記物語」，屬於文藝創作**，是將戰鬥場面當作一大賣點、近似於小說的作品。

當然軍記物是以史實為基礎，也有可信度高低之分，但因為它是**戰鬥小說**，為了讓故事更富戲劇性，才會大量加入許多軼事，講好聽一點是傳說，講難聽一點則是造假的事件。

而這種傾向隨著時間的發酵，自然就愈來愈強。

江戶時代出現好幾個**充滿經典場面的關原作品**，我們在媒體和書裡所看到的關原之戰，都是來自這個時期的軍記物。也就是說，我們一直以來看的都是

建立在虛構上的虛構作品。

既然如此，可信度高的史料是怎麼描述「關原之戰」的呢。史料當中也包含了河合老師定位成「二次史料」的文獻，所以「一次史料」——當代的當事人親筆信件、日記、公文書——裡，是怎麼敘述「關原之戰」的呢。

石川康通和彥坂元正這群德川家相關人士，在關原之戰兩天後連署提出的書狀上，大致寫了下列事項：

- 九月十四日，家康抵達赤坂（岐阜縣），並於十五日「上午十點前後」出兵關原，正式開始了這場決定性的大合戰。
- 石田三成、島津義弘、小西行長、宇喜多秀家四人，於九月十四日下午八點火燒大垣城外曲輪（「曲輪」＝城郭裡規劃的區域），前進關原。
- 井伊直政、福島正則、尾張眾擔任先手（先鋒），東軍諸將陸續開戰時，小早川秀秋、脇坂安治、小川祐忠父子背叛（西軍），導致敵方成為敗軍。

・在追擊戰中討伐了大谷吉繼、島左近、島津豐久、戶田勝成、平塚為廣等人。

內容非常簡潔（畢竟書狀只是一種報告，所以簡單扼要可能才正常）。

令人驚訝的是小早川秀秋叛變的時機。

信中的意思是**「在開戰的同時倒戈」**。

也就是說，提到關原之戰必定會描述的經典場景，

秀秋遲疑不決和家康朝他發射的「問鐵砲」，都沒有發生。

而且，開戰時間也是在「上午十點前後」。其他史料上記載戰爭結束在「中午十二點前後」，這麼看來，戰爭「僅僅只有兩小時」。統整以上資訊，那就是

「小早川秀秋一開戰就倒戈，因此戰爭在兩小時內便分出了勝負。」

這場對決的效率快到嚇人，**更新了關原紀錄**。

所以，雖然關原之戰超級有名，但過程仍充斥了滿滿的未解之謎。

問鐵砲、井伊直政和福島正則的先鋒之爭（可能）都是虛構，兵力也眾說紛紜，東軍和西軍這個稱呼，以及當日的布陣，據說也都是後世的創作。

簡單來說，就是**充滿謎團的關原**。

河合老師，請問還有其他關原之戰的新事證嗎？

麻煩你告訴我們最新的關原詳情了！

河合

開戰前一天才表態的秀秋

東軍兵力因為叛變而暴增三倍

一點也沒錯，關原之戰那麼出名，卻沒有史料詳細記錄當天的情景。可能就是這樣才會出現各家說法吧……

在這一節，我就來談談小早川秀秋。

房野也說明過了，秀秋在決定天下的關原之戰裡身為西軍的主力，竟然在戰爭中倒戈，轉而攻打同袍，這個行動讓西軍確定敗北。

《關原始末記》裡詳細描寫了關原之戰的情景。幕府特聘的儒學家林羅山、鵞峰父子在一六五六（明曆２）年，於這本書中統整了小濱藩主酒井忠勝在關原的經歷。由於關原之戰缺乏可以掌握整體脈絡的一次史料，只能仰賴這種二次史料。不過，《關原始末記》屬於寫得比較客觀的史料。

這本書裡寫道，家康對於開戰後仍在松尾山上按兵不動的秀秋感到煩躁，於是下令朝松尾山開砲。

秀秋因此不得不亮出旗幟（在合戰中表態），率軍衝下松尾山、攻進同袍大谷吉繼的軍陣。小早川隊大軍壓境，令大谷隊猝不及防。

而在大谷隊前方布陣的西軍赤座直保、小川祐忠、朽木元綱、脇坂安治這四位大名，更是窮追猛打。

他們確定秀秋倒戈以後，也跟著將矛頭轉向了同袍的大谷隊。此舉導致奮戰的大谷隊全軍覆沒。家康確認秀秋叛變，便下令三萬旗本發動總攻擊。**加上叛變的敵軍大名，東軍的兵力暴增成西軍的三倍，讓西軍全面潰敗**。

以上是原本的說法，接著我就來介紹新的學說吧。

西軍早在戰前就知道小早川的動靜？

關原之戰前一天（九月十四日），家康的重臣井伊直政和本多忠勝，發給小早川秀秋的家老平岡賴勝與稻葉正成的一份起請文（誓紙），流傳到了現在。

文中寫道「關於秀秋過去的行為，皆可既往不咎。平岡、稻葉兩位的忠節也令家康甚為欣喜，會依你們今後的忠節，賜予秀秋二國」（二木謙一著《德川家康》筑摩新書）。

歷史學家二木先生在書中提到「秀秋直到最後關頭仍猶豫不決」，但黑田基樹先生卻在著作《シリーズ・実像に迫る005 小早川秀秋（接近真相系列005 小早川秀秋，暫譯）》（戎光祥出版）裡談到，在八月二十八日，江戶方（東軍）的淺野幸長和黑田長政向秀秋發了一封書狀，催促他倒戈東軍，且家康在八月後半開始擬定戰略，加上前面提到九月十四日的起請文，因此主張**家康陣營（井伊和本多）發出了起請文，所以秀秋陣營（平岡和稻葉）應該也發了起請文**，在這個階段秀秋「已經有從大坂方投奔江戶方的意向」。

此外，黑田先生還分析了吉川廣家（西軍大將，毛利輝元的親戚，隸屬西軍，但答應家康不會出動軍隊的武將）在合戰兩天後提出的「書狀案」。他推測由於秀秋很明顯將會叛變，三成認為在關原的山中（地名）布陣的大谷吉繼處境危險，所以才從大垣城前往關原以保住大谷隊。只是在這個階段，秀秋在松尾山仍然是站在大坂方（西軍）的立場，並沒有改變。

因此，黑田先生說在合戰中「因秀秋猶疑不決，家康便朝秀秋的軍陣發射問鐵砲」一事，「全都是後世的創作」，而且「當時的史料證明**幾乎在開戰的同時，秀秋就轉向投奔江戶方，進攻大坂方**」（前書）。

假如此事為真，那就跟秀秋還在思索是否應該叛變，決定在同袍奮戰的數小時袖手旁觀，最後突然攻擊同袍的說法截然相反了。

此外，乃至政彥、高橋陽介著的《天下分け目の関ヶ原の合戦はなかった（決定天下的關原之戰不存在，暫譯）》（河出書房新社）一書當中，揭露了比這個更令人驚訝的

關原之戰的布陣

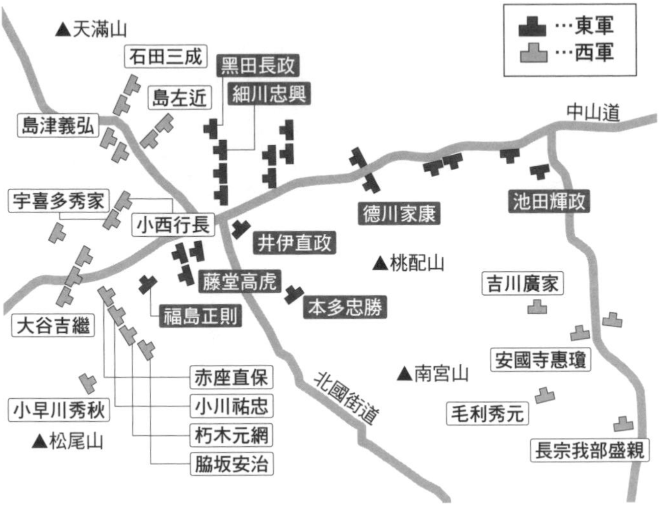

新說法。

書中提到秀秋早就已經倒戈東軍，石田三成也在九月十二日時得知此事了。

根據二次史料，秀秋曾與三成共同駐紮在大垣城，但這個記載有誤，秀秋其實是在其他地方布陣，展現出對抗西軍的立場，並在九月十四日展開軍事行動，占領了關原的松尾山。

所以，「得知秀秋叛變的三成，率領秀家、行長、惟新各軍隊前去討伐秀秋，在雨中朝山中方向前進」（前書）（惟新是指島津義弘）。

一般說法是家康放出假消息，將三成等人引出大垣城，進而誘導至關原，所以新說法從根本打破了一般的認知。

無論如何，假使秀秋打從一開始就是站在東軍，那就代表他在後來的二次史料中被冤枉了吧。

不過可以肯定的是，從松尾山奔馳而下的秀秋大軍的確勦滅了西軍，這分功勞讓秀秋獲得備前、美作二國，共五十萬石的領地，成為岡山城主。或許今後，洗刷污名的小早川秀秋可能會愈來愈受歡迎喔。

第六節課 安土桃山時代（～江戶時代）

關原之後
～只憑口頭承諾就變得井然有序的世界～

年表	主要歷史大事
1600年	關原之戰
1603年	德川家康就任征夷大將軍
1614年	大坂冬之陣
1615年	大坂夏之陣，豐臣氏滅亡，一國一城令
	制定武家諸法度、禁中並公家諸法度

房野

請容我在這裡談談關原之戰過後的發展。

不過這次並不會解說重大事件，只會提到非常重點式的事蹟。

這件事並沒有引發什麼效應，卻清楚反映出了德川和豐臣的關係，有些話題可能會讓某些人感到意外，而且對於熟悉後續歷史的我們來說也是可以激發興趣的話題，還有很多很多……

比起落落長的開場白，還是趕快讓大家看下去吧。

我要談的是鮮為人知的**關原之後**的話題。

那麼，我就從「關原之戰結束了」開始談起吧。關原之戰在東軍勝利後落幕，接下來就是東軍的領導者家康算帳的時間了。

家康：「西軍的各位，接下來要處死或是縮減你們的領地作為懲罰囉～」

西軍：「不會吧——！」

家康：「至於東軍的各位同仁！之後會增加你們的領地喔～！」

東軍：「好耶～！」

大概就是這種感覺，西軍成員遭受重罰，東軍成員獲得恩賞（獎勵）。西軍的石田三成、小西行長、安國寺惠瓊這些人全數斬首，宇喜多秀家流放到八丈島。其他人也都縮減或失去領地，實在慘不忍睹。

上杉的領地從會津一百二十萬石，減成米澤三十萬石……

毛利從坐擁中國大部分地區，減成周防、長門（合起來是山口縣）三十七萬石……長宗我部更慘，所有領地全數沒收……

用公司來比喻的話，就是規模縮小成四分之一或破產，簡直令人椎心泣血。公司裡的員工薪資也大幅調降，或是在公司重組後失業，欲哭無淚。

反觀。

東軍成員的心情和領地都大幅上漲。

從西軍手上沒收的大量領地都分給了東軍，讓多名豐臣系武將升格成為國持大名。

當然，德川家的升級程度也非同小可。

家康的孩子與家臣都成了擁有領國的大名，以關東和東海為中心的德川家所有領地**大到誇張**。

家康唰地一下就削弱了敵對者的力量，讓同一陣營的人勢力大幅提升。德川天下就此底定，家康在這一刻登上了日本的頂點。

以上是課本所寫的內容，大家應該想說「我早就知道了」。但是，我在這裡想告訴各位的是這個表象的背後。

還有，若要說家康是否真正立於日本的頂點，**其實沒有**。

怎麼會沒有呢……請各位先聽我道來（應該說看我寫來）。

關原之戰三十二年後，一位名叫細川忠利的大名在遷移領地時發生了一件事。

忠利將據點從小倉搬遷到熊本後，曾經向父親細川忠興（過去隸屬於東軍）問了一個問題。

忠利：「老爸，我想問一個搬家的問題。現在的領地不是在關原之後家康大人分封給我們的嗎？那個時候的證書或權狀在哪裡？」

忠興：「沒有那種東西啦。」

忠利：「蛤，沒有喔？」

忠興：「沒有啦，才沒拿到那種東西。家康大人給我領地時根本沒有附任何文件，其他人也都是一樣啊。」

日本全國的領地分配只憑口頭承諾。

雖然我創作成簡單好懂的對話，但實際上是父親忠興給兒子忠利的書狀上，寫道家康並沒有提供任何證明領地的文件，其他大名也是比照辦理。

哪可能有這種事？就是有這種事。

日本國內的領地鮮少因為一個有權有勢之人而出現如此大的變化，或者應該說這樣的情況前所未見。

儘管如此，證明領地所有權的文件就是**不存在**。

各位請不要因此就覺得「看來古人在這方面就是這麼隨便啊」。

通常位居上位者，還是會提供領地宛行（變更領國）的證明文書或印判狀，公開承認這片土地的所有者是你，或者在要將土地賜封給你的時候，會提供寫清楚所有權的某種證書。

但就是沒有，此時的家康沒有提供這種文件。

現在並不是沒有小村落統治證明這種程度的問題，而是**在這個大幅改變日本統治體制的轉振點，沒有任何證書文件保證領地的權利**。

我再說一次，哪可能有這種事？就是有這種事。

那是怎麼分配領地給東軍成員的呢？簡單來說就像下面這個情況。

井伊直政：「嗯，福島最賣力，所以給他安藝跟備後……就這兩個地方嗎？」

本多忠勝：「可以啊，雖然他可能還是會抱怨太少吧。」

家康的家臣井伊直政和本多忠勝，就是以這種方式思考分配草案，再實際去拜訪該大名。

本多：「福島，我們打算分給你安藝國和備後國。」

福島正則：「真的嗎!? 太感謝了！」

親自通知本人獲賜的領地，就這樣定案。大抵都是用這個方式決定所有大名的領地。如果不是土地的話，這就跟**「送年終禮品給平常照顧自己的人」**沒兩樣。這個延續到江戶時代的領地分配，居然只是口頭上的承諾，令人驚訝到啞口無言。

不過，家康並不是覺得「我懶得給正式文件！」才不發證書，而是**「想給也給不出來」**。因為他是

「代替豐臣秀賴執政的人（執政役）」。

所以這個時期能夠發出官方公文的，只有豐臣家。

家康並不是「官方」。

即使我們知道後面的結局，也會因為課本的寫法而以為「家康贏了關原之戰，就等於成功取得天下了吧？」

但實情並非如此。

關原之戰是家康與三成為了「誰來引領豐臣家」而爆發的大型鬥爭，也就是**「規模過於龐大的家族內鬥」**。

家康大獲全勝所得到的是「豐臣家中勢壓群雄的第二把交椅」的地位，所以不管是家康勝利還是三成勝利，位居頂點的都是8歲的豐臣秀賴小弟弟（一六〇〇年當時）。

知道後來德川掌握天下霸權、豐臣氏滅亡的，只有包括我們在內的後人而已。

就算知道當時的狀況，就算這是作為「大坂之陣」的序章，家康並沒有發給領地證明文件的作法，還是相當有意思呢。

不過，像德川家消滅豐臣家這種家臣瞧不起主君的作為，雖然頗有戰國的餘韻，但是到了江戶時代又是什麼情形呢？

在制定了嚴謹身分制度的江戶社會，也會有家臣忤逆藩主嗎？話說回來，江戶時代的身分制度究竟是什麼一回事呢？

請河合老師教教我們吧！

河合 士農工商的身分制度是完美的謊言！

江戶的身分真相

我知道了，我就來談談江戶時代身分制度的真相吧。

首先我要講的，是十字頭到三十字頭歲數的日本人都知道的常識，可以跳過這段也沒關係。不過這段內容可能會讓40歲以上的人感到震驚，所以請各位仔細閱讀。

其實在江戶時代，根本就沒有「士農工商」這四個身分制度！

我是說真的，現在的學校課本已經不會寫這件事了。

我好像聽到有人反駁說：

「河合老師你亂講，我問過學校老師了，江戶時代真的有士農工商的身分，最了不起的是士，也就是武士，他們主宰了農工商。接著是農民。幕府和大名跟農民說你們的地位僅次於武士，所以需要繳年貢，藉此維護他們的尊嚴。而商人的地位之所以最低，是為了讓農民覺得商人雖然有錢又奢侈，但身分最卑微。難道這些都是假的嗎？」

是的，這些都是捏造得很完美的謊言。

能夠想到這些的人，老實說我覺得很厲害。

因為現在的課本是這麼寫的：

「人民的身分大致分為武士、百姓、町人，武士和町人都集中居住在江戶和大坂的大名城下町裡。」（《新編 新社會 歷史》東京書籍二〇二一年）

「江戶幕府依據豐臣秀吉推行的兵農分離制，將人民的身分劃分為武士、百姓（農民等）、町人（商人、工匠），以強調身分的高低。」（《中學社會 歷史 開創未來》教育出版二〇二一年）

現在的課本告訴學生當時有**武士、百姓、町人這三種身分**。

而且，雖然武士是統治階級，地位崇高，但是說到被統治的百姓和町人的差異，就是居住在村落的是百姓，居住在城鎮（主要是城下町）的是町人，**兩者有居住區域和職業的區別，但身分並沒有貴賤之分**。

其實，士農工商這個概念是來自古代中國，只是以這四種身分來比喻「各式各樣的人」而已。

但**江戶時代的儒學家硬是把這個概念套進日本社會，結果以謬誤的形式一直流傳到明治時代以後**。

順帶一提，到了江戶後期，轉換身分的情況也變多了，只要有錢就能買到武士的地位。舉例來說，搭乘咸臨丸橫越太平洋、在江戶無血開城時期大為活躍的**勝海舟，他的曾祖父原本是越後的農民**。曾祖父靠著借貸致富，買到了幕臣（武士）的權利，因此後代也成了武士。

家臣可以將藩主關進大牢？

接下來，房野問道江戶時代的家臣是否曾經忤逆過藩主（大名），這個情況在江戶時代前半經常發生。

在戰國時代，大名與重臣是非常接近平等的關係，但是戰國亂世結束後，擴張領地的可能性已經幾乎消失了。

在戰國時代，大名給了拚命為他作戰的重臣很大的權限，但是到了江戶時代，需要建立以大名為中心的官僚組織，穩定經營藩政。因此，幾乎與大名平起平坐的重臣權限便逐漸受到壓制。

在這個過程中，不時爆發大名VS重臣，或是重臣VS重臣的抗爭，偶爾還發展成家族內鬥，甚至需要幕府出面仲裁。嚴重時就會改易或減封（沒收或縮減領地和身分），不過絕大多數的判決都有利於大名，總是以重臣受罰收場。

順帶一提，在江戶中期以後，藩的機制已經整頓完善，由各個官員經營藩政，大名逐漸成為象徵性的存在。雖說藩政改革是由大名主導，但大體都是由大名授權委任的家臣負責處理。

無論如何，大名是藩的象徵，就算只是供在那邊也無所謂。

最麻煩的是極其愚蠢或生性放蕩的人成為藩主，把藩政搞得一團亂。這時**在眾藩士的共識下，可以執行「主君押込」來保護藩**。從字面上應該就能想像得出來，這是將不聽勸告，始終荒唐不羈、危害到藩的笨蛋主君關進牢裡。

在此期間，藩士會不停進諫（訓誡）和說服藩主，確定他已經改邪歸正後，才會放人並讓他回歸原本的地位。

這個時候，通常會讓藩主簽署誓約書，承諾「絕不報復關押我的人」。

如果藩主無心改過，藩就會以生病等理由，要求幕府批准藩主隱居，讓其他親戚或養子就任為新藩主。最糟糕的情況，也有大名遭到家臣密謀殺害。

PART 3

江戸時代／幕末

第一節課 江戶時代

來重新談談「鎖國」吧

年表	主要歷史大事
1607年	朝鮮通信使首度來日
1609年	荷蘭在平戶開設商館
1612年	基督教禁止令
1616年	限制歐洲船來航平戶和長崎
1631年	奉書船制度開始
1637年	島原之亂
1641年	荷蘭商館遷至長崎出島
1669年	沙牟奢允之戰
1715年	海舶互市新例（長崎新令）

房野

大家都學過**鎖國**這個詞吧？

沒錯，它就是指江戶時代的那個。

對對對，日本當時封鎖了國門，

對，還完全切斷了與海外的貿易，

對對，而且對其他國家的狀況毫不知情，科技發展也因此落後。

對！結果突然有一天，**美國將領培里要求「打開國門～」**強迫日本開國，就是指那個鎖國！

其實根本沒鎖。

不如說，**江戶時代沒有鎖國這回事**。

說「根本沒鎖國」可能有點太隨便了。

應該說我們大人在學校裡讀過的**「鎖國並不存在」**，或許比較正確。但是該怎麼說呢，以前和現在的課本內容也大不相同。而且，我原以為幸好有河合老師和各位歷史學家細心宣導，大多數人應該都已經知道「日本不曾鎖國」但實則不然害我震驚到連標點符號都忘了。

我在近幾年接觸的人——不管是大人還是小孩——都相信

「日本曾經緊閉國門足不出戶」。

很多人都還是有傳統的鎖國認知，每三人就有一人，或者說超過半數，不對，可以說有七、八成都認為「日本曾經封鎖國門」。

所以我才無法不談談這段歷史。

應該有人覺得「這點小事我還知道」，不過還是讓我稍微談一下這裡稱作「鎖國」的江戶幕府制度的基本資訊吧。

好，就來談鎖國。

我再重申一次，**日本沒有封鎖過國門**。

江戶時代的貿易窗口

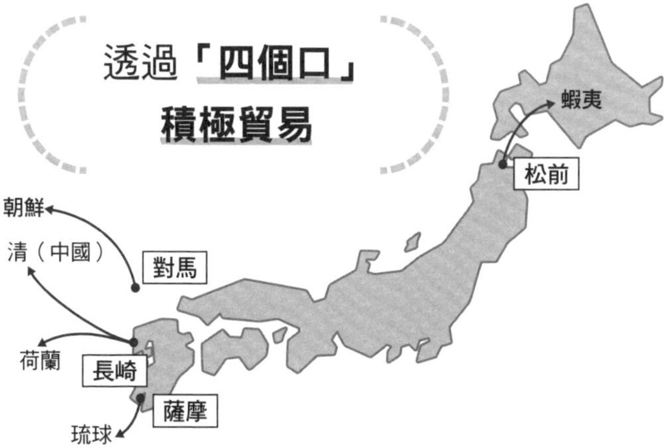

具備傳統鎖國觀的人應該也都知道，「長崎以前進行過海外貿易」。沒錯，長崎會與大清和荷蘭貿易，但並不是只有長崎一個地方。

對馬也會與朝鮮貿易，薩摩會與琉球貿易，松前則是與阿伊努族貿易。江戶時代真正的風貌，是在各地設立窗口、積極從事貿易，這四個外交窗口就稱作**「四個口」**或**「四個窗口」**。

過去以鎖國為前提的觀點，都是解釋成「鎖國時期只有『四個口』例外」，但例外的數量未免太多。

實則相反，**這是幕府的基本方針**。

現在我們要入境其他國家，也只能從有限的幾座機場等關口進入。國家和政府當然必須控管來自外國的「人」與「物」，當時的幕府只是在實施這項措施而已。

這樣的話，接下來的疑問就是：「那幕府的貿易方針是什麼？」

回答這個問題時，重點在於「基督教」。

基督教在戰國時代傳到日本。

信長開放傳教，秀吉原本也採取和信長類似的立場，但後來卻頒布了**「伴天連追放令」**。

至於繼秀吉之後掌握政權的德川家康……起初他很重視與西班牙和葡萄牙的貿易利益，所以默許基督教傳播，不過之後卻頒布**「基督教禁止令（禁教令）」**，比秀吉更嚴格限制基督教。

原因在於一六〇九（慶長14）年與葡萄牙發生的糾紛，以及後續家康的重臣本田正純的家臣，岡本大八與肥前日野江藩（日後的島原藩）主有馬晴信之間，發生的贈予收賄事件**（岡本大八事件）**。

這一連串事件，加上岡本大八與有馬晴信的吉利支丹（基督徒）身分，讓家康在幕府直轄領內頒布禁教令。這起事件的詳情實在非常複雜，不過各位放心，這件事終歸只是一個起因，家康的想法就是：

「國內基督徒增加可是會威脅到幕府啊混帳東西！」

還有

「西班牙和葡萄牙似乎會在傳教後派軍隊過來，這豈不是打算武力進犯日本嗎混帳東西！」

這個消息，才讓家康有機會禁止基督教。

但是，跟伊比利半島勢力（西班牙、葡萄牙）的貿易，與傳教密不可分。只要繼續與他們貿易，基督教就會傳入國內，這實在很傷腦筋……當幕府還在煩惱時，又發生了「島原之亂」。

基督教信仰居然會引起規模這麼大的一揆暴動……這下非得排除基督教不可了！

因此，**幕府繼西班牙之後也與葡萄牙斷交，接著還禁止日本人渡航海外和歸國**。
這是到第三代將軍家光的時代為止發生過的事件。
也就是說，幕府下定了決心。
「為了掃盪危險的基督教，必須放棄與歐洲貿易的實質利益。」
很抱歉，這是假的。
幕府並沒有下定決心，沒有放棄與歐洲貿易。
對，因為此時荷蘭出現了。

「話說回來，為什麼日本要跟荷蘭貿易？」

應該很多人在學生時期念課本時，都有這個疑問吧。
那麼，這個問題就與前面提到的話題一併解決。
這裡稍微談一下世界史，大家還記得**宗教改革**嗎？
宗教改革是因馬丁・路德批判贖罪券（路德批評羅馬教宗向民眾販賣贖罪券來赦免

罪狀，是違反聖經的行為），而發生的基督教改革運動。

這場改革最終促使**「天主教會」**分裂出新的基督教，這就是**「新教」**。新教的拉丁原文protestatio意指「抗議的群眾、反抗者」，新舊教派的衝突十分激烈，不過**在日本進入戰國時代後，新教的信徒忽然大增，勢力變得非同小可**。

承受龐大壓力的天主教覺得：

「被比下去了。」

「在歐洲屈居劣勢啊。」

「既然如此，不妨走出歐洲看看吧。」

天主教認為如果無法就近推廣，那就越洋傳教，藉由傳播全世界來與新教抗衡。而能與傳教活動連結的，就是延續自大航海時代的海外探索和殖民地統治活動。

對於想要不斷擴張領土的天主教國家，羅馬教宗則是承認**「傳教即可獲得公認的新**

土地」。換言之，想要拓展領土的「國家」，與想要增加海外信徒的「天主教會」，雙方的意圖合而為一，就成了**貿易・武力侵略與傳教密不可分**。

另一方面，新教國家重視通商利益，雖然也不是不傳教，但並沒堅持一定要傳教。

如果你是幕府，會選擇跟天主教還是新教貿易呢？

那當然是新教囉。

只有新教可以滿足幕府期望與歐洲國家貿易和獲取資訊，但是不准傳播基督教的條件。而西班牙和葡萄牙是天主教，荷蘭是新教，這就不需要再多加說明了。

於是荷蘭說話了。

荷蘭：「幕府啊，我們來貿易吧。」

幕府：「你是想傳教吧？」

荷蘭：「我們也可以不傳教喔。」

幕府：「真的嗎，那就來吧。」

因此雙方訂立契約，荷蘭也能獨占與日本的貿易權利，形成雙贏局面。

所以，幕府得到了會帶來歐洲資訊的新貿易對象荷蘭，可以與西班牙、葡萄牙斷交（斷絕國與國的交流），歐洲國家中唯一只與荷蘭交易的理由，和「基督教」有非常密切的關聯。

那麼，簡單歸納目前的內容後，可以用一句話完整解釋：

「日本不與歐洲國家（西班牙、葡萄牙）貿易的理由，在於基督教的傳播。」

幕府不會沒來由地宣布「才不跟歐洲國家貿易！」從來沒有訂過這種愚蠢的規則。

那還用說，畢竟貿易是**幕府的實質利益**。

既然是「實質利益」，那就應當歡迎。因為「幕府的實質利益」……正是第二個重點所在。

幕府歡迎的是「幕府的實質利益」，

絕不是「諸藩的實質利益」。

我就快速說明一下。

要是各藩擅自與外國貿易的話會怎麼樣呢？

那就會變得富有。

要是哪個藩因為這樣而壯大勢力的話，就成了幕府的一大威脅。

與其這樣，不如先斬草除根。

反之，要是由幕府掌管所有貿易活動，就只有幕府可以坐享其成、獨占貿易的實質利益。因此，只有**獲得幕府許可的藩**，可以和**幕府允許的對象**貿易。

四個（窗）口這種受限的貿易方式，乍看會誤以為是封鎖國門，但這其中蘊藏著幕府重視貿易的明確意圖。

大家覺得怎麼樣？是不是覺得「這哪裡叫鎖國？」我認為可以改掉鎖國這個詞，或者保留下來、改變大家對這個詞的認知。

嗯？等一下，在這個稱作鎖國的時代，實際的貿易情況究竟是如何呢？如果貿易的交易量非常少的話，那不就跟**「封鎖國門」**沒兩樣了嗎……河合老師！這方面是怎麼一回事呢？

河合

江戶時代的日本是貿易大國

大清帝國的經濟要靠日本的貿易

房野，你問得真好啊。

都怪鎖國這兩個字，害很多人以為「當時的貿易量應該很低吧」，但這是錯的。

我再說一遍。

這是非常嚴重的「錯誤」。

首先來談出口，日本**有大量的金、銀、銅輸出到海外**。所以幕府多次限制貿易，在第七代將軍家繼的時代，大臣新井白石也因為「缺乏鑄幣的原料」而頒布了長崎新令（海船互市新例），更嚴格限制了貿易活動。

因此，荷蘭每年來航的船隻減為二艘，原本來航七十艘的清國船隻也減為三十艘。

尤其是清國的船，幕府還公告會依當年抵達的順序發給貿易許可證（信牌），隔年持許

限制貿易的江戶幕府

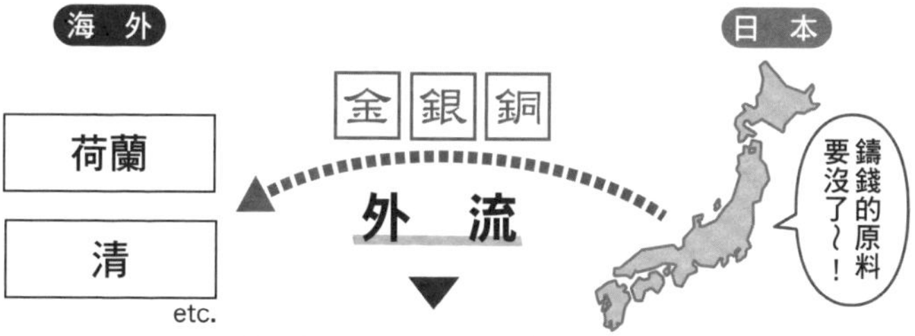

1715年 海船互市新例（長崎新令）

限制長崎的貿易 避免金銀外流

	清國	荷蘭
船	30艘	2艘
金額	銀 6000貫	銀 3000貫

可證才能靠港。

於是，拿不到信牌的船長心生不滿，便告上大清朝廷「有人亂拿記載蠻國日本年號的紙（信牌）」。

中國從以前就有「世界的中心（華）是中國，周邊都是應當服從中國的野蠻國度」觀念（華夷秩序），所以大清的康熙皇帝沒收了信牌。

但是不貿易就無法生活，清國的商人隔年還是將商品堆上船隻，航向長崎。

然而幕府卻說「你們又沒有信牌」，將所有船隻遣返，日清貿易就此斷絕。

結果，康熙皇帝居然就把信牌還給各

個船長，吩咐「今後你們就輪流拿信牌繼續做買賣吧」，讓他們重啟貿易。

為什麼大帝國甘願放下華夷秩序，做出如此讓步呢？

因為要是不跟日本貿易，**大清的貨幣經濟就會崩潰**。

當時的大清使用銀錢和銅錢，主要通貨是銅錢。令人驚訝的是，這個**銅錢的原料有六到八成，都是使用日本進口的銅**。

也就是有如此大量的銅，從正在鎖國的江戶中期日本出口到大清和荷蘭。

這不論怎麼看，都不能說是正在鎖國吧。

連結京都和北京的「銀之路」

相對地，日本則是生絲的進口大國。

生絲在幕末是出口商品，但是在江戶時代中期以前，日本還無法生產出像樣的生絲，絲綢和絲織品只能全面仰賴進口。

絲綢既美麗，觸感又舒適，民生需求年年攀升。所以就跟房野說的一樣，幕府因此難以割捨會將中國產生絲運來日本的葡萄牙和西班牙貿易。只靠荷蘭和中國（明→清）的生絲已供不應求，於是也從朝鮮進口大量的中國產生絲。

到了這裡，擅長歷史的人或許會想說：

「咦？可是以前老師說朝鮮是通信國，不是只有每次換將軍時才會派通信使來日本嗎？」

對，並不是這樣。

其實，對馬的宗氏在朝鮮釜山設了倭館作為貿易中心，對馬藩有將近五百人常駐在那裡，頻繁從事交易。

西陣織是高級絲織品的代表，為這些織匠提供生絲的商人要事先付給對馬藩大量的銀子，才能在倭館購得大量的生絲。順帶一提，日本的銀是透過朝鮮向大清購入的。研究家田代和生將**這條生絲和銀流通的京都－釜山－漢城－北京的路線，稱作「絲之路」和「銀之路」。**

曾一度消失在課本上的「鎖國」兩個字

無論如何，江戶時代的對外政策並不適合稱作「鎖國」。

話說回來，江戶時代的庶民根本就不知道鎖國這個詞……

現在的課本上，是這樣解說的：

「鎖國一詞的使用，始於一八〇一（享和元）年，長崎的荷蘭通詞志筑忠雄，將來日本擔任荷蘭商館醫師的德國人肯普弗所寫的《日本誌》其中一章標題，譯為《鎖國論》。」（《日本史B 新訂版》實教出版二〇一八年）

原來鎖國是**江戶後期的學者（譯者）創造的詞彙**啊。

後來這個詞在明治時代成了學術名詞，被教科書引用，便廣為流傳。

因為，**禁止人民出國、限制與外國貿易的不是只有日本，還有中國和朝鮮。這是東**

亞各國共同的政策。

所以近代史的學者，都主張應當廢除「鎖國」一詞，配合世界史改稱之為「海禁」政策。

於是，日本文科省在二〇一七年的新中、小學校學習指導要領中，宣布要依據事實不再使用「鎖國」一詞，而是改為標示成「幕府的對外政策」。

然而意想不到的是，這個方針隔月就廢除了。

因為在徵求國民意見後，很多人對此表示反對，理由是既然有（神奈川條約中寫道的）「開國」，沒有「鎖國」就太奇怪了。

所以，現在的課本上還是有「鎖國」這兩個字。

這總讓人覺得很不是滋味呢。

第二節課 江戶時代

德川吉宗的改造幕府大計畫

年表	主要歷史大事
1685年	生類憐憫令（～1709年，德川綱吉）
1702年	赤穗浪士攻擊事件
1709年	錄用新井白石（正德之治）
1716年	享保改革開始（德川吉宗）
1732年	享保大饑荒

房野

各位知道江戶幕府第八代將軍**德川吉宗**的別名嗎？

「如果你回答「暴坊將軍」，我完全了解你的想法。

如果你回答「松健森巴*」，反過來看還是可以給你一百分。

正確答案，是**米將軍（米公方）**。

為什麼他會被稱作米將軍呢？

如果你回答「因為他太愛吃白飯了」，我也要說我超愛吃白飯。

如果你回答「因為他想要米想到哭了」，那就可以說是答對了。

因為他為了增加稻米，還有為了飯粒……奮力提高米價而費盡了心血，所以才會有**米將軍**這個渾名。

吉宗執著於稻米的政策

享保改革

是課本都必定會提到的一大知名改革。

*松健森巴：演員松平健曾在時代劇《暴坊將軍》中飾演德川吉宗，松健森巴是他後來轉型演出的日本森巴歌舞系列代表作。

德川吉宗這個人本身也是命運多舛，不過這裡就只聚焦在「享保改革」吧。

話雖如此，享保改革的政策方向實在相當廣泛。

・起用大岡忠相等人，透過足高制錄用人才。
・採行公事方御定書和相對濟令等司法改革。
・放寬與基督教無關的漢譯西洋書籍進口。
・設置町火消、目安箱、小石川養生所。
・元文改鑄和獎勵經濟作物。

這些還只是一部分，要是把所有改革條列出來，恐怕就會爆頁了。所以，這裡只列舉出**米**有關的項目，請諒解我的說明都是以米為中心。

那麼，我們就從「為什麼吉宗要推行『享保改革』？」開始吧。前面列舉的結構改革也是吉宗的目標，但他無論如何都一定要推行的，是**重建幕府財政**。

當時的幕府財政十分緊迫，原因出在第四代將軍家綱在位期間，江戶發生的明曆大火、礦業衰退，還有貿易額限制等等，包含很多因素。

另一方面，十七世紀下半葉開始的農業技術革新與新田開發，讓幕府領地的石高大幅增加。因此吉宗推出了非常簡單的「減少支出、增加收入」策略，認為要投注更多心力獲取作為幕府重要稅收的**米**，透過徹底的儉約來降低歲出。

吉宗先是頒布儉約令，同時也採取增加收入的政策。

但是，改革的成果總是需要時間才會顯現。

因此，他為了確保目前的財源，便採取了緊急措施。

吉宗：「讓各大名每一萬石高繳納一百石的米。」

各大名：「蛤……不會吧。」

吉宗：「不過，凡是繳納稻米者，可以得到『參勤交代居留江戶的時間折半』的優惠。」

各大名：「真的嗎!?」

吉宗向各個大名提出了這個請求。

雖然不知道他們當時做何反應，不過這個**「上米制」**暫時提高了幕府的稅收，成功賺進了臨時獎金。

但這終歸只是短期策略，就算奪取大名栽種的稻米也不能重建財政。若要根本解決問題，就必須奪取最基本的東西……

那就是**增稅**。

徵收的年貢從過去的四公六民（四成年貢），調漲成**五公五民**（五成年貢），並且將「檢見法」改成**「定免法」**。

「檢見法」是依照農田收穫量來決定稅率的徵稅法，「定免法」則是**不論豐收還是歉收，定期的年貢稅率都固定**的徵稅法（只有在嚴重歉收時才會減稅）。

所以，幕府得以徵收到穩定的年貢。

此外，吉宗並沒有忘記為年貢開源，他也確實增闢了耕地面積。

他利用當地紀州藩的土木技術和河川管理技術，成功開發更多土地，同時也發公文給有力商人，邀請他們「開發新田」，獎勵由町人承包新田開發工作、用商人資本開發的新田（町人請負新田），這項「新田開發獎勵」的政策，拓展出規模龐大的石高。

各項政策為幕府增加了稅收的米量，原以為這項改革

大獲成功

實則不然，還不到成功的地步。

其實，當時幕府還面臨了「最艱難的問題」。

前面再三提過，**幕府的主要稅收和武士的薪水都是稻米**。

也提過**農業技術革新與新田開發，加上吉宗的改革，提高了稻米收穫量**。

但問題就在這裡。

武士領取的薪水雖然稱作「俸祿米」或「扶持米」，但實際上是要「自己拿米去換成貨幣」，只是形式上「用米支付薪資」的感覺。

這麼一來，最重要的就是**米的價值**。

雖然米可以換成錢，但市面上要是有大量的稻米流通，就會貶值。

商品數量少、不易取得才會漲價，商品氾濫就會貶值，這是從古至今不變的道理。

稻米也是同理，但因為稻作有「歉收」和「豐收」的差別，難以預判米價，造成收入不穩定。

而且，江戶中期以後貨幣經濟發達，生活物資的需求大幅提高，於是「物價」跟著上漲。

結果，米價相對於物價變得較為低廉，這個現象就是**「米價安之諸色高」**（當時將物價稱作「諸色」）。

這對以米為衡量基準的武士來說是最糟糕的狀況。

一名武士賺取的俸祿米量不變，但米價貶值，就等於實際薪資減少，**此外物價還上漲，怎麼賺都是窮**。

現在可不是武士沒飯吃也要叼牙籤的時候。

這是幕府和武士的生存危機。

不過，米將軍當然沒有坐視不管。

吉宗也積極介入稻米行情，奮力抬高米價。

他認為「米太多的話只要減少就好」，便頒布強迫大名和有力商人買米的

「買米令」

幕府也順便收購稻米，試圖減少市面上流通的米來提高米價。

不僅如此，將軍還陸續推行了新政策，一一打破了前例。

當時，大坂的市場是日本全國的稻米交易中心，但這裡並不會有稻米的實體買賣。實體的米俵交易很不方便，所以是發行一種叫「米手形」的票券，後來改成

「米切手」，用這種票券代替實體來交易。

後來出現了米切手的轉賣行為，還發行超出庫存的米切手——也就是「空」的米切手——來換取現金，使得稻米交易**逐漸證券化**。

光是江戶時代有這種機制就已經令人驚訝了，但商人並沒有善罷甘休。他們甚至在「虛構的米」交易中進行一種**期貨**買賣。

「期貨」是在當下為將來的交易定好價格和數量，是「可以避免價格浮動風險」的

交易機制。而「虛構的米」則是指「帳簿上的米」。

這種做法稱作**「帳合米取引」**，了解這種機制以後就會覺得非常有趣，但解釋起來會長篇大論，所以簡略來說，就是

利用僅限帳簿上的稻米交易來避險。

大坂米商人的行為就是這麼驚世駭俗。

不過，幕府原本表示「我怎麼可能承認這種沒有實體買賣、跟賭博一樣的交易！」下令禁止帳合米取引，

但**吉宗卻承認了**。

為了能夠穩定（提高）米價，必須提高民眾對米的需求量，因此他認可了大坂市場的做法。

順帶一提，吉宗認可的這座市場叫作

「堂島米市場（堂島米會所）」

是**世界最早的期貨市場**。

前面介紹了這麼多吉宗的稻米相關政策（還不是全部），那結果到底順不順利呢？以幕府的財政收支來看，稻米和黃金都由赤字轉為黑字，**江戶城的金庫累積了一百萬兩的財富**。

而在一七四四（延享元）年，**幕府領地超過四百六十萬石，年貢收入達到一百八十萬石**，催生出江戶時代最高的石高和年貢量。

話雖如此，要說享保改革是否成功，

卻是**褒貶不一**。

享保時期的幕府財政的確是好轉了，但是……

・上米制仰賴各藩出力，使幕府的權威低落，放鬆參勤交代的規定減輕了各大名的經費支出，幫助他們擴大了經濟實力。

・年貢增徵的政策加重了農民的負擔，導致農民經常發起一揆暴動。

・幕府計劃提升米價後發生「享保大饑荒」，造成米價暴漲，翌年又發生民眾攻擊米店等事件，導致米價飆升。幕府極力採取政策解決饑荒，隔年卻因稻米過剩造成米價下跌。米價調整政策最終失敗。

・增加稻米產量與提升米價本來就互相衝突。

……等等，稻米相關的政策遭到嚴重抨擊（姑且先不論其他政策）。這種種批評全都合乎情理，尤其增加農民的負擔更是「不應該」發生的事。

嗯，吉宗大人的確採取了不合常理的手段……不知道大家是怎麼看的呢？

河合老師，吉宗和知名度與他相當、擁有「犬公方」別名的德川綱吉相比，評價是怎麼樣呢？

河合

犬公方頒布生類憐憫令的用意

占地三十萬坪的狗屋維護費要七十億日圓！

房野你早就知道綱吉將軍的評價跟以往已經大不相同，才故意這樣問我的吧。

實際上，我在著作和連載的雜誌上已經寫過這件事好幾次了，甚至在ＮＨＫ綜合台「歷史探偵」節目裡，開過一堂專講綱吉評價改變的課。

總之，這個話題的迴響很好，某種意義來說這或許算是我必講的話題。

所以，我就應要求來談綱吉歷史評價的前後變化吧。

首先是生類憐憫令。

這並不是只頒布一次的法律，而是長達二十年以上、頒布了上百次的愛護動物法律的總稱。

一般來說，最早的法令內容是「在將軍行經的路上，犬貓可放養而不需繫繩」（有諸多說法）。

但是後來，法令的內容卻愈來愈奇特。

像是禁止販賣活魚和活雞當作食材、禁止讓貓狗公開表演才藝、要向官方報告飼養的狗狗毛色、須檢舉危害犬隻者，禁止販賣鰻魚和泥鰍、禁止垂釣……

這根本不正常了嘛。

所以，民眾會覺得萬一傷到自己飼養的狗就慘了，便偷偷棄養，導致江戶市內的流浪狗大幅增加。但因為沒有人會餵這些狗，於是飢餓的狗開始攻擊幼童。其中也有不滿生類憐憫令，便故意傷害或殺狗的危險分子。

因此，綱吉採取了驚人的政策，就是陸續在各地設立大型狗屋，將在城裡遊蕩的狗大爺放進駕籠（轎子）、帶到狗屋收容。

例如中野的狗屋占地廣達三十萬坪，裡面飼養了十萬～二十萬隻狗，實在不尋常。而且狗屋裡還有犬醫（獸醫）常駐，狗狗生病時都會得到無微不至的照顧。不僅如此，狗飼料費等**維護狗屋的費用全都是由町人負擔，金額高達現在的七十億日圓**，簡直就是找麻煩。

為什麼綱吉要採取這種政策呢，因為他的母親桂昌院曾經找僧侶隆光，商量綱吉膝下無子繼承相火的問題。隆光的建議是「這是他前世殺生過度的業障。只要愛護生物、不再殺生，就能生下男兒。將軍生於戌年，所以要多加保護犬類」。但是，我們已經知道這是捏造的故事了。

此外，每天處死五十個觸法的人、打死蚊子就被流放到外島，還有父親為生病的兒子用吹箭獵燕，只為了讓他吃下燕肝，結果父子一起遭到處死，這些傳聞全部都是假的。根據研究者山村恭子的調查，因生類憐憫令而受罰的案例只有六十九件，其中死刑占了十三件，更何況偏鄉也無法嚴格遵守法令。

期望改變野蠻社會的綱吉

生類憐憫令的內容太過極端了，提出這種法律的綱吉究竟在想什麼呢？

其實，**綱吉想要消除戰國時代的野蠻風俗，推廣儒教的德與仁、佛教的慈悲教誨，試圖改變社會**。

在這個時代，武士隨意砍殺路人的行為依舊在江戶橫行，野蠻的傾奇者（衣著華麗、行為超常的人）會引發暴力等殺伐行為，就連知名的水戶黃門（德川光圀）年輕時，也曾經半開玩笑地在寺院裡斬殺窮人。

綱吉希望能夠改變如此野蠻的社會。

所以綱吉當上將軍後，擴大儒者林家的孔廟和家塾、遷移至湯島，鼓勵幕臣到這間學問所修習儒學，他也親自為幕臣和大名講課，而且畢生授課的次數多達四百以上，著實驚人。

另外，他禁止墮胎（人工流產）和棄嬰，下令民眾要主動照顧倒臥在路邊的人。反過來看，代表當時的日本人會若無其事地拋棄孩子，對倒在路上的人見死不救。

綱吉的目標，是將高壓的武斷政治變成以儒教為基礎的文治政治。我們透過研究得知了這個事實，歷史課本的描述也因此修改了。

例如對生類憐憫令的描述，改為「這項法令雖然讓民眾不堪其擾，但是愛狗這件事，使得流浪狗橫行的可怕現象消失了」（《詳說日本史B》山川出版社 二〇二一年），變成正面的評價，而且綱吉的執政手段也被評為「完全否定了自戰國時代以來，憑武力殺傷對方來求取功名的價值觀與傾奇者」（前書）。

此外，在《社會科 中學生的歷史》（帝國書院 二〇二〇年）當中，還用「致力於文治政治的將軍」作為介紹綱吉的標題，寫道「綱吉鼓勵就學，在湯島（東京都）建立了孔子聖堂，使儒學繁榮發展，並要求民眾體貼對待棄嬰和老人，改變了戰亂的風氣」。

所以，現代的國中生和高中生對綱吉的印象大多是名君，而不是愚昧的犬公方。

歷史人物的評價，也會像這樣隨著研究的進展而大幅改變。

第三節課 江戶時代

聽到「賄賂」就想到他？田沼意次實在難以捉摸

年表	主要歷史大事
1767年	田沼意次擔任側用人
1772年	田沼意次就任為老中
1782年～	天明大饑荒
1783年	淺間山火山爆發
1787年	松平定信開始推行寬政改革

房野

「接著是日本史的題目。在江戸時代，賄賂……」

出現這種猜謎時，大多數的答題者都會搶答：

「田沼意次！」

而大多數時候結果都是

「答對了！」

（但這也可能是陷阱題。）

提到田沼就想到賄賂，提到賄賂就想到田沼。田沼和賄賂的契合度簡直超越了最佳拍檔，在學校課堂上，只有田沼意次會讓我們留下這種印象：

「大肆收賄，還在政壇上帶動賄賂風氣的壞大叔。」

這是事實嗎？

近年研究發現，意次並不是單純的金權政治家。他更早期的革新政策受到矚目，於是改寫了歷史評價。

不過，這並沒有抹去他賄賂的印象，現在處於

「田沼是貪污的政治家！」

「不對，他是推出嶄新政策的優秀政治家！」

各個形象正在火熱爭鬥中。

他擺脫了罪惡的化身，卻成了捉摸不定的人物。

但是言歸正傳，意次是真的收過賄嗎？

那我就挑明了說吧。

田沼意次收賄是＃〇＋＆￥。

其實目前還不太清楚。

在意次失勢以後出現了一本名叫「田沼騷動物」的刊物，關於他的負評幾乎都是出自這本書。除此之外，在**寬政改革**中**政敵松平定信對意次的抹黑也推了一把，導致意次的評價大多是一面倒**。

既然如此，就無法斷定意次是否真的有貪污收賄了。

實際上在田沼意次主政的「田沼時代」，賄賂確實橫行，貶低他的傳聞並非事實，但同時也缺乏**「意次沒有收賄」**的證據。

實在是難以捉摸。

雖然不能說是絕對，不過情況就是神祕到課本裡最好還是加上這句註解。

那麼我們稍微換個角度來看，為什麼在「田沼時代」賄賂橫行，而且還有意次收賄的傳聞呢？

我想來解說一下這件事。

關鍵字就是**「連結」**。

江戶城的本丸劃分成**「表」「中奧」「大奧」**這三個區域。

可能有人想說「你幹嘛離題」，但姑且聽我說一下，我採取的是迂迴戰術（話術）。

「大奥」……應該不用多加解釋了吧，就是那個大奥。

「表」是舉行儀式和官方典禮、幕府官員行使職務的中央政廳。

「中奥」是將軍日常生活起居、處理政務的地方。

表的頂點是**「老中」**這個職位，不像現代有詳細的職務劃分，**可以想成是大臣也沒關係**。與其說老中是表的頂點，不如說是幕府常設的最高職位，通常由四～五個人擔任（老中之上的「大老」是臨時職位）。

而中奥也有隨侍在將軍身旁的官員，中奥的官員當中勢力最大的是**「御用取次」**和**「側用人」**，**主要工作是陪將軍商討政務、為將軍和老中協調**。

側用人當中最知名的，是服侍德川綱吉（請參照215頁）的柳澤吉保。

了解柳澤的人應該都已經知道了，「側用人」是隨侍在將軍身旁，備受寵愛，負責幫將軍傳話給老中的職業，從這些性質可以看出他們經常掌握傲人的權勢。

那麼，大權在握的田沼意次，究竟是老中還是側用人呢？答案是**兩者皆是**。

他兼任表的「老中」和中奧的「側用人」。

大致來說，他的職務結構就是

由他負責統整下屬提出的企劃和構想，

由他向將軍報告，

由他陪將軍商討政務，

獲得許可後由他負責執行。

意次**權力一把抓**的程度，讓人搞不清楚究竟是他為了幕府存在，還是幕府為了他存在（但另有他人擔任老中之首「老中首座」）。

田沼意次從僅有六百石的旗本，一路飛黃騰達成為坐擁五萬七千石的大名，又兼任老中和側用人，完全掌控幕府，這就是他獲得的權力。

那麼，他在出人頭地的過程當中，傾盡心血投入的就是「享保改革後年貢以外的財政收入問題」了。

關於「享保改革」的內容，各位可以閱讀「享保改革」的部分（請參照204頁），那一段也提過，這個做法終究有極限。

畢竟**需要增稅**。

農民因為負擔太大而頻頻發起一揆暴動，而且實質上年貢量也逐漸減少。在這種狀況下一肩扛起幕府的，就是仕於九代將軍家重和十代將軍家治的田沼意次了。

意次認為不可能用目前的做法來維持幕府財政，必須開拓年貢以外的收入。

而他苦思冥想到最後，得到的答案就是商業經濟。

我就先假設河合老師會在後面解說他推行的政策詳細內容了……

舉個例子來說，在**徵「稅」的方法**當中，也包含了**「獎勵株仲間」**和**「運上金・冥加金」**。

「株仲間」是指「擁有市場壟斷權的工商業同業工會」。原本在江戶時代初期禁止株仲間，直到享保改革才得到承認。意次則是更開放認可株仲間，加以獎勵，目的當然就是「稅」了。

株仲間是要付錢給幕府，才能獲得公認的業務壟斷特權，這筆錢就稱作**「冥加金」**。而且，批發商等各種業者也需要依照一定的稅率繳納營業稅，這就稱作**「運上金」**。**意次認為只要在商業上課稅，就能得到新的稅金收入**。

但是。

如果要藉由課徵營業稅來創造「利益」的話，那還需要什麼呢？答案想當然爾，就是**更多利益**了。

既然如此，就不能只靠既有的商業買賣，**最好還能持續拓展出「新的商機」**。這樣才能徵收到新的稅金。

但是但是。

從經濟發達的元祿時代開始，幕府推行的土木工程逐漸外包給民間的業者。

結果，不只是土木和建築，各個領域的業者都不斷要求幕府：

「把你們的工作外包給我們吧！」

「我想到一件事可以為幕府和社會謀福利！請批准我們去做！」

民眾還會主動提議，平心而論，就是幕府得到了一大堆**商業創意**。

在這樣的背景下，進入了田沼時代。

由於意次為了賺取足以負擔年貢的收入而提出追求更多利益的政策，當然也接受民眾提出的建議。

凡是米以外的收入、米以外的利益，就算能多一個也不嫌少，所以他儘量活用了町人的能力（當然，並不是什麼點子都能通過）。

商人和町人向奉行的官員提出創意點子，通過審查就能為商人賺進利益。

相對地，採用到好點子的官員可以升官，幕府也有望獲取新的稅收。

這個狀況不管怎麼看都是全民幸福快樂，但實際上呢？

各位是不是聞到很濃的**官民勾結氣味**呢？

沒有錯，**從元祿時期開始的「官」與「民」的連結，造成了嚴重的官民勾結現象**。

「奉行大人，您可不可以聽一聽我們的提議呢（偷偷露出帶來的豆沙包底下藏的大量小判金幣）。」

「哦哦……」

就是這麼一回事（但我不太確定是不是這樣做）。

於是在加速採用民間構想的田沼時代，才會處於**「賄賂橫行，無法可管」**的狀況。

所以，在賄賂如此猖獗的世道，看來肯定收受了大量賄賂、最可疑的人是誰呢？

那當然是建立了這個時代的體制，而且君臨政治頂峰的

田沼意次了。

嗯，這下話題就有**「連結」**了吧。

現代也會發生類似的情形，像是群眾募資、NFT（非同質化代幣）、過程商機等等，每當大眾看見不曾體驗過的模式時，都會抱持懷疑的眼光。「沒見過＝不好」，這是非常奇怪的觀念對吧。

意次透過形形色色的方法來賺取利益的作風，可能也有某一部分觸發了民眾敏感的情緒。

畢竟**追求利益不容見於武士的信念**嘛。

加上當時的社會充斥貪污賄賂，還有意次崇高的地位。

怎麼看都會衍生出不好的傳聞。

但是，我們不該因為賄賂這個先入為主的觀點，就忽視意次投入的政策；反之，過度盛讚推行革新政策的優秀人物，而忽略他收賄的行為，這種論述方式也不可取。

我個人是認為，這個部分應該不要考慮到「連結」。

那麼，意次究竟推行了什麼樣的政策呢？

還有當時橫行哪些賄賂方式呢？

河合老師，就交給你了！

（河合）一心只想擴大經濟的意次

田沼的賄賂政治其實是松平定信造的謠？

在江戶時代，送高官禮物（賄賂）以獲取利益的作法是很常見的行為，田沼意次又是幕府的最高權力者，所以有一大堆禮品送到他家門口不是理所當然的嗎？

然而之所以只有他成了賄賂政治家的代表，是因為房野提到的「抹黑」，是意次的政敵、迫使他失勢的松平定信及其人馬幹的好事。

據說是他們刻意在街坊造謠的緣故。實際追溯賄賂傳聞的源頭，可以發現在意次垮台後，定信及其親信經常公開發聲。當然，歷史上不乏前任掌權者遭到貶抑的例子。但是負評會流傳得如此廣泛，或許就證明了定信明顯的復仇意圖。

因為，**定信憎恨意次到想殺了他的程度，他甚至在懷裡暗藏匕首、在江戶城內遊蕩，以便刺殺對方**。

這可是事實，因為是他本人親自承認的……！

他表面的理由是痛恨充斥著賄賂的田沼政治，不過根據傳聞，**定信是受到意次阻礙而沒能成為將軍**。第十代將軍家治的嫡子家基在18歲猝逝，下一任將軍人選是出自御三卿（八代吉宗的後代家系）一橋家的家齊。

其實，定信也是御三卿田安宗武的三兒子，有足夠的資格成為將軍。

哥哥治察繼承了田安家的香火，卻因重病而可能隨時離世。於是田安家想讓三男定信來接手家業。

然而在幕府的命令下，定信被迫成為白河藩主松平定邦的養子。半年後治察去世，田安家失去當主，希望定信能夠回家，但幕府並未許可。

五年後，將軍的繼嗣家基猝逝。如果這時定信是田安家的當主，就有望入選為第十一代將軍。所以定信私底下相信是意次阻撓自己就任為將軍，對他恨之入骨。雖然無從得知此事是否屬實，這個說法倒是相當有意思。

著眼的焦點、思路的轉換與膽量

那麼，接著我們來看「田沼政治有哪些政策」吧。

就跟房野所說的一樣，意次的厲害之處在於**發掘新的稅源**。過去的幕府主要財源是村落的年貢，但意次利用承認株仲間（商人．工匠同業工會）的營業壟斷權，來課徵運上金和冥加金作為稅收。房野已經寫過詳細內容了，我就不再贅述。

我最佩服的是，意次**企圖轉換和擴大外國貿易**。長崎的荷蘭與清國貿易主流是金銀的出口，不過在元祿以後，金銀山的礦產量減少，於是幕府漸漸縮限出口額度。

各位可別一副恍然大悟的反應，因為這些事早就在前面的章節談過了（請參照198頁）。

意次一改這個消極的政策，**開始出口大量的俵物（海產乾貨）和銅，並進口金銀。**可見他在思路上有所轉換。

更令人吃驚的是，他還計劃與其他國家貿易。

仙台藩的工藤平助送給意次一本書《赤蝦夷風說考》，書中寫道「俄羅斯與日本相鄰，與之貿易有望賺取龐大的利益」。意次讀完後大喜，便**企劃與俄羅斯貿易**。他試圖打破與海外的貿易限制（鎖國）、和未知的大國建立邦交並通商，實在是非常大膽。

總之就是走擴大路線的田沼政治

不只是通商政策，田沼政治的特徵就是「持續擴大」。他下令最上德內等人組成探險隊，前去探索開拓蝦夷地（北海道）的可能性。

他們調查後，報告「開拓蝦夷地可以賺取五百八十萬石以上的收入」。當時的幕領大約是四百萬石，也就是實際開拓的話，幕府收入即可加倍。但遺憾的是意次後來失勢了，日俄貿易和開拓蝦夷地的計畫都未能實現。

提到開拓計畫，意次也推行了印旛沼（周長六十公里、面積二十平方公里）的圍墾工程。這項工程是堵住利根川流向印旛沼的河水，開挖超過四里十二町（約十七公里）的溝渠（水路）通往江戶灣，放水後就能製造出廣大的水田地帶。

而且當溝渠完工後，常總的物資就能沿著利根川在一天內運到江戶灣，創造的經濟效果不可勝數。但是，這項工程在完工前夕遭遇大洪水，加上意次失勢，被迫中斷。

除此之外，他還統一了東日本和西日本的貨幣制度。東日本使用的是以黃金作為計數貨幣（單位固定為兩．分．朱的錢幣），西日本則是使用依白銀的重量而定的稱量貨幣。為了解決不同制度造成的繁雜金銀貨匯兌手續，意次下令大量製造並流通**南鐐二朱**

田沼政治實際執行＆計劃尚未實行的政策

- 獎勵株仲間
- 徵收運上金・冥加金

▶▶ **增加稅收**

- 出口俵物和銅
- 計劃日俄貿易（未果）

▶▶ **擴大貿易**

- 印旛沼的圍墾工程（中斷）
- 蝦夷地的開拓計劃（未果）
- 統一東西貨幣制度

▶▶ **活化國內經濟**

銀（八個即可換到一個小判金幣的計數銀幣），嘗試統一成以金幣為主的貨幣制度。

不過，拋棄農本主義（以農立國的觀念）、採取重商主義（注重商業的觀念）的作法也帶動了倫理觀的轉變，導致非武士身分的平民內心反彈。

此外還有淺間山火山爆發的煙霧造成日照不足、長期降雨，東北地方連續數年嚴重歉收，多達三十萬人餓死和病死。

當時的人相信「天地異變代表為政者德不配位」，就在田沼政權鬆動之際，發生了意次的繼承人意知遭到旗本佐野政言刺殺的事件。

即使如此，意次依舊繼續坐鎮於幕府

頂點兩年，直到作為後盾的將軍家治去世後，才終於垮台。不過，要是他推動的**重商政策與對外開放政策能夠持續實行的話，日本就能和歐美列強同時達成工業革命，提早一百年以上成為資本主義國家**也說不一定。

第四節課 幕末

井伊直弼有赤鬼之稱的壞人真面目

年表	主要歷史大事
1853年	培里來航浦賀
1854年	神奈川條約
1858年	美日修好通商條約，安政大獄
1860年	櫻田門外之變
1862年	和宮降嫁

房野

歷史人物當中，都會有**總覺得很像壞蛋的人**呢。

雖然不到萬惡不赦的地步，但這些人物在戲劇中有很高的機率會塑造成反派。

幕末時期也有幾個這種類型的人，不過

井伊直弼

被塑造成壞蛋的機率非常高。但這也沒辦法，因為他充滿了會讓人想把他當成壞人的要素。

他做過的事情有

「獨斷、擅自、強行與美國簽定通商條約，不由分說處罰所有反抗者」

把他描寫成好人反而不太現實。他不是像壞蛋，而是光明正大的壞蛋。

不過，前面這些說明並不足夠，過度省略了井伊直弼實際上採取過的行動。

只有這些斷章取義的結果成了學校課堂和茶餘飯後的話題，所以直弼才會被當成反派吧。

我並不是想說「直弼其實是個大好人！」這不是可以感情用事的話題，但我想多少澄清一下當時的實際情況。

這是大概永遠不會受到小孩喜愛的直弼給人的印象，但事實又是怎麼樣呢。**獨裁和鎮壓**。

首先來談他擅自簽訂條約的事。

當時的直弼是大老，儘管這是位居老中之上、臨時設立的最高職位，為什麼他還是被嚴厲抨擊「竟敢做出這種事！」呢？

當然，原因出在他忽視眾多攘夷論者「趕走外國人！」的主張，但是讓反對派無論如何都暴怒不已的，就是這個條約的簽署**違敕**了。

下田奉行井上清直和目付岩瀨忠震，還在與駐日領事哈里斯談判條約簽署的事項時，幕府試圖取得「敕許」。「敕」就是「天子的命令」，敕許意指「天皇的許可」。

但是遭到拒絕了。

厭惡外國人的孝明天皇下令「再度徵求諸大名的意見」，因此幕府未能取得敕許。

即使如此，直弼依然在沒有敕許的情況下簽定條約了。

這等同於違敕，也就是**「違反天皇命令的簽署」**，這樣不管是誰都會震怒吧。

不過，有個人堅決反對違敕簽約，看來還是有人認為直弼的做法簡直是胡亂行事。

而反對違敕簽約的人，就是

直弼。

「他是有分身嗎？」很抱歉讓各位這樣想了。直弼只有一個，是我沒寫清楚，我就依事情的順序來說明吧。

首先，幕末的情勢經常被形容成「幕府VS尊王（尊崇天皇）派」，幕府的佐幕（輔佐幕府）派基本上也都主張尊王。雖然都是尊王，但大家對政務的觀點差異太大，因而衍生出對立。

支持尊王的人開始認為要以朝廷為政治中心，而非幕府，從直弼的時期逐漸成形的

「朝廷與幕府合作」的**「公武合體」**思想當中，也有像是

以幕府為中心的公武合體，

還是朝廷居上位、由外樣藩參與幕政的公武合體，

這種差異存在，觀點十分散亂。

姑且先不論細微的政策差異，「為幕府工作的每個人」骨子裡都有：

「要由德川幕府執政」

這個觀念。

這個時期外國的威脅逼近，舉國上下都必須面對這個狀況。幕府需要徵詢並努力說服天皇和朝廷，卻又希望他們不要干涉內政和外交。自德川治世以來，幕府一向都是受到天皇委任全權處理所有政務。這是幕府全體人員真正的想法。

也就是說，幕府內部大多數的意見，都是

「根本不需要敕許……對吧？」

但是前面也提過，尊攘派猛烈的反彈導致敕許下不來，讓幕府遲遲無法下定決心簽定條約。不論在哪個時代，真心與客套的界線都很難拿捏呢。

幕府拜託哈里斯再多等一下，不斷請他延期簽約，最後哈里斯帶來的消息讓情況徹底改變。

「已經控制了大清的英法聯軍，正如火如荼準備前來日本要求簽署通商條約。」

當時負責談判的井上和岩瀨大概嚇得心臟差點要從嘴巴裡跳出來，或者可能已經跳出來了。

不過，哈里斯還接著表示：

「只要在災難降臨前先與美國簽定通商條約，當各大國提出不當要求時，就會由我出面協調、阻止他們的野心。」

真的嗎？不知道井上和岩瀨是否這樣質疑過，反正接到報告的幕府召集所有相關人士開會，現場幾乎所有官員都一致表明：

「應立即簽署。」

那是當然的，幕府原本的立場加上迫在眉睫的災禍，讓他們歸納出了

「即刻簽約」這個唯一選項。

但是，在這窮途末路之下，堅持「不該尚未取得敕許就簽署條約！」的人，正是井伊直弼。

贊成直弼的只有擔任若年寄的本多忠德，多數官員可能都認為「現在哪有空考慮這麼多！」

之後在各位老中的審議下，堀田正睦和松平忠固主張「應立即簽約」，其他老中則是認為無解、只能盡可能拖延。

經過評議和審議後，直弼叫來了負責談判的井上和岩瀨，告訴他們：

「在得到敕許以前，儘量設法延期簽約。」

於是井上詢問：「要是談不攏的話，可以直接簽約嗎？」

結果直弼的回答是：「屆時也無可奈何，但還是盡可能努力延期吧。」

直弼勉強脫口而出的「屆時也無可奈何」這句話，或許讓井上和岩瀨以為「終於批准了！」一直當面與哈里斯談判的兩人，應該都覺得**「不可能延期」**吧。

事實上，後來兩人拜訪哈里斯，是以抓到直弼話柄的形式簽署條約。於是，美日修好通商條約就在沒有得到敕許的情況下簽訂了。

是不是還是要有敕許才好？

既然都要簽約，該早簽還是晚簽？

井伊直弼作為政治家的資質如何？

雖然沒有人進行諸如此類的討論，但我希望各位讀者可以在時髦的咖啡廳裡聊聊這件事。

我想在這裡傳達的只有一件事。大家也已經知道了，那就是

「強行違敕簽署條約不能算是井伊直弼獨裁。」

怎麼樣？你對井伊的印象是不是改變了呢？

那麼，我也稍微談一下執行了政治大鎮壓的「安政大獄」吧。關於這件事……**嗯，實際上的確是鎮壓了**。但我想補充的是造成鎮壓的原委。

一般人對這件事的印象是「井伊直弼鎮壓所有反對者的事件」，而導致真正開始鎮壓的原因是**戊午密敕**。

由於篇幅有限，我就快速說明一下。

前面提過幕府強行違敕簽訂合約。震怒的孝明天皇對幕府發下敕書，內容簡單歸納如下：

・斥責簽署條約的事，要求詳細說明。
・命令御三家及諸藩要與幕府合作達成公武合體，要求幕府執行推動攘夷的改革。

問題在於，這份敕書**「也直接發給了水戶藩」**。

從古至今，會接到天皇命令的都是組織的領導者。

如果在金字塔底部的人直接接觸天皇，就等於是破壞了該組織的統治體制。

水戶藩是隸屬於幕府的基層組織。

如果將敕書直接發給藩，可能會使幕府的權威蕩然無存，幕藩體制瓦解，獲得勢力的各藩就能為所欲為，導致日本全國大亂。

這份敕書可以讓人輕易想像到後續的動亂。在天皇直接下令水戶藩的一八五八（安政5）年，干支是「戊午」，所以這份敕書才稱作「戊午密敕」。

當然，**直弼大為震怒**。

這件事讓直弼及其部下，陸續處罰了與戊午密敕有關的人士。

處罰的對象也包含了一橋派（擁護一橋慶喜成為將軍的派系），但追根究底，這都是為了維護現行的統治體制。

這麼說並不是要肯定鎮壓，也不是想主張這是萬不得已的行為，但可以確定的是，**安政大獄並非「井伊直弼鎮壓反對者」如此單純的事**。

結果，因安政大獄而遭到怨恨的直弼在櫻田門外遇刺身亡，那井伊家後來怎麼樣了呢？河合老師你知道嗎？

河合 直弼的反賊污名始終未能洗刷

儘管大眾都知情，卻還是隱瞞直弼的死亡真相

一八六〇（安政7）年三月三日，發生了一起事件。

當天早晨，水戶藩的十八名浪士埋伏在櫻田門外，等待直弼一行人登城，並襲擊直弼乘坐的駕籠。

雖然保護直弼的彥根藩士多達六十人，直弼卻輕易遭到殺害，被砍下了首級。就算

當時是大雪紛飛的惡劣天氣，這守備未免也太鬆懈了吧。

消息傳到彥根藩邸後，家中一片大亂，聲稱「我們要以牙還牙」。水戶藩也開始準備防禦作戰，如今江戶市內陷入了戰爭一觸即發的狀態。

震驚的幕府多次派使者前去安撫井伊家，並承諾會維持他們的香火，將這件事**塑造成直弼只是受傷，後來因為傷重不治身亡**。

明明社會大眾都已經知道他被斬首了，卻還要散播如此愚蠢的消息。但幕府應該是想要息事寧人吧。

於是，醫生縫合了直弼的頭顱和身體，將軍家茂也為死去的直弼送上朝鮮人蔘和冰糖等慰問品。

直弼生前並沒有指定繼承人。因此在事件一週後的三月十日，彥根藩向幕府中請由愛麿（直弼的兒子）繼承家業，當然幕府受理了。翌月的潤三月，直弼去世的消息公諸於世，13歲的愛麿改名為直憲、成為彥根藩主。

繼水戶藩之後遭到政敵一橋派報復

但是，井伊家此後的際遇卻十分悲慘，因為遭到直弼鎮壓過的一橋派（在十三代將軍家定的後繼人選中推舉御三卿之一的一橋慶喜，而與推舉紀伊藩主家茂的直弼對立的派系）報復。

一八六二（文久2）年六月，薩摩藩的島津久光率兵與敕使前往江戶，要求幕府改革。幕府答應改組人事，讓松平慶永、一橋慶喜等一橋派人士就任要職。

「慘了，一橋派要開始復仇了。」

井伊家可能是這麼想的吧，因此家中的年輕人和輕輩（身分低微的家臣）要求重臣處罰直弼的心腹長野義言等人，藩內的首腦也轉換策略、處死了長野等人。

儘管如此，他們害怕的事情還是發生了。

文久2年十月，幕府暗中下令井伊家減封十萬石領地。從三十萬石減掉十萬石，是個非常沉痛的打擊。即使井伊家拚命致力於政務，結果依然留不住領地。

因此，**彥根藩士對幕府的忠誠便逐漸淡薄**。藩內重臣則是大膽接近一橋派，主動出席在家康忌日於日光東照宮舉辦的參詣，以爭取恢復舊領地，另外也積極出兵協助天誅組之變和禁門之變、在第一次長州征討時擔任先鋒，不斷付出值得欽佩的努力。

然而收回的領地僅僅只有三萬石。

因此，**在戊辰戰爭開始以前，井伊家才會轉而積極協助新政府**。

以新政府立場參與戊辰戰爭的藩，在德川家譜代（自關原之戰以前就仕於德川家的大名）當中，包含彥根藩在內只有三藩，新政府封了兩萬石領地給井伊直憲作為獎賞。這個額度與在戊辰戰爭中大為活躍的佐賀藩主鍋島直大相當。而且在一八六九（明治2）年正月，藩主直憲獲准拜謁明治天皇，翌月與有栖川宮熾仁親王的女兒成親，和天皇家成了姻親關係。

由於井伊家因安政大獄而長期受到朝廷排斥，能夠撐到這一天，著實讓彥根藩士大為欣喜。

遲遲未能擺脫「壞人直弼」的形象

彥根藩在一八七一（明治4）年的廢藩置縣後消亡，但直憲和舊藩士仍希望能夠恢復被視為反賊的直弼名譽，自一八八一（明治14）年開始著手建立直弼的紀念碑。

但是當他們在尋找建設地點時，卻屢屢遭到拒絕。好不容易在一八八三（明治16）年決定建在位於橫濱戶部不動山（現在的掃部山）的鐵道局所有地，結果卻遭到政府施壓而未果。

一八九二（明治25）年，彥根的井伊神社舉辦舊藩主井伊先祖八百年祭，促成翌年再度發起在橫濱建立直弼顯彰碑（褒揚個人功績的石碑）的運動。

然而時任神奈川知事卻**以「此事會傷害為國事捐軀的亡靈情感」而拒絕**。一八九九（明治32）年，東京的有志之士計劃在日比谷公園立碑，也同樣未能得到許可。最終在一九〇九（明治42）年，才終於獲准於橫濱建立銅像。

如同房野所言，世人對井伊直弼的行為有很嚴重的誤會和曲解，加上其敵對勢力建立了新政府，導致他的壞形象在社會上根深蒂固，才會讓井伊家和舊家臣到了明治時代依舊飽嘗辛酸。

橫濱 掃部山公園 井伊直弼像
カメラ大好き／PIXTA

雖然龍馬各方面都有點那個，但終究很厲害

年表	主要歷史大事
1862年	生麥事件
1863年	薩英戰爭，八月十八日政變
1864年	禁門之變，第一次長州征討
1865年	第二次長州征討（德川家茂上陣）
1866年	薩長組成同盟
1867年	大政奉還，王政復古大號令
	坂本龍馬去世
1868年	戊辰戰爭

房野

大家聽過**坂本龍馬**嗎？

這種問題早就不該問了吧。

而且早就不需要再解釋龍馬是誰了吧。

但我還是要說一下。

畢竟有魅力的人物故事和名曲，不管聽（看）幾次都不會膩，同時也為了讓大家再度肯定龍馬的魅力，請容我繼續寫下去。

那麼，我們就趕快來確認一下，讓坂本龍馬名留青史的事件，就是

薩長同盟和**大政奉還**

沒有錯吧。

這兩者都是重大事件，龍馬雖然不是當事人，但這兩件都是少了他就很有可能不會

發生的**幕末最重要盛事**。

我們就搭配幕末的情勢，來看其中「薩長同盟」發生的原委吧。

首先，美國將領培里來航，日本驚慌失措。

我要談的是「概觀」，所以過程只會簡短說明，總之就是雙方在一團混亂中爭論「條約要簽？還是不簽？」結果一群無法忍受幕府懦弱外交的人怒喊：「不准簽！」

這群人就是所謂的**尊王攘夷派**。

「尊王攘夷」就是「尊崇天皇」的**「尊王論」**，與「攘除夷狄（外國）」的排外觀念合而為一的思想，提倡這個思想的他們暴吼：

「幕府已經沒有用了！今後要擁護朝廷來擊退外國！」

逐漸成為幕府無法控制的存在。

在這其中迅速崛起的是**長州藩**。

整個長州藩都染遍了尊攘的色彩，來勢洶洶，居然計劃要發動由天皇親自領軍的攘夷戰爭。不過，

他們被驅逐了。

不爽長州藩過度激進的薩摩藩、會津藩、反長州派的皇族和公家聯手，將長州藩兵逐出京都（**八月十八日政變**）。

但長州藩仍然不死心，秉持著「我們又沒有錯！」的立場回到京都，與薩摩和會津開戰，

結果輸了。**輸得一塌糊塗（禁門之變）**。

不只如此，長州藩因為和保護御所的薩摩與會津交戰，而得到了朝敵（朝廷的敵人）這個糟糕透頂的稱號，而且還在禁門之變後不到一個月，遭到英國、法國、荷蘭、美國攻擊，

結果輸了。**輸得一塌糊塗（下關戰爭）**。

長州藩已瀕臨滅亡，但悲劇尚未結束。

為了勦滅成為朝敵的長州藩，幕府與諸藩甚至組成大軍攻來，長州藩**處於甦醒不了的夢魘狀態（第一次長州征討）**。

長州藩原以為這次真的要完蛋了，但最後是接受引發禁門之變的責任者**三家老切腹**的條件，征討軍解散，才苟延殘喘活下來。

各位有什麼感想呢？雖然這只是大略的經過，但可以看出兩點：

1. 長洲藩被打得落花流水、四分五裂。

2. 而讓長州深陷危機的是薩摩和會津。

所以，此時的長州……

對薩摩和會津痛恨到無以復加的地步。

不可能和解，此仇不共戴天，深惡痛絕唾棄怨恨。這些詞就周旋在各藩之間，但是在這種情況下，卻有人做出了驚異之舉。

「我要讓薩摩和長州重修舊好！」

他就是坂本龍馬。

長州藩在第一次長州征討接受了幕府提出的條件，但這個條件終歸只是讓幕府撤軍而已，並不是禁門之變的處分。幕府還在討論「如何處置長州藩」，並逐漸蘊釀出要發起**第二次長州征討**、徹底消滅長州藩的計畫。

諸藩對於幕府強硬的立場，只能嘆息著「這樣太過火了吧……」

因此，龍馬提出了一個規模過於龐大的點子。

「幕府果然已經沒用了！既然如此，就讓雄藩（勢力強盛的藩、有力藩）薩摩與長

州結盟，一同對抗幕府吧！」

於是，龍馬便開始東奔西走。

他與同志中岡慎太郎合力奔波遊說的結果，眼看就要促成薩摩藩的西鄉隆盛和長州藩的木戶孝允（桂小五郎）會談……的前一刻，

西鄉**居然放了鴿子**。

木戶當然火冒三丈。但龍馬依然不放棄，向木戶提議了一個方法。

「讓西鄉答應『用薩摩的名義購買』長州使用的武器！」

各藩要有幕府的許可才能向外國購買槍枝和軍艦，但是被視為朝敵的長州藩無法獲得幕府的許可。

不只如此，就算長洲藩想從事密貿易（瞞著幕府進行貿易），也不被外國接受，所

以長州藩幾乎無法購買到武器。

因此，龍馬想要說動西鄉以薩摩的名義幫助長州購買武器，讓雙方再次上談判桌——

他用這番說詞設法說服木戶。

木戶答應以後，龍馬立刻前去拜訪西鄉，成功取得西鄉的許可，而令人訝異的是，龍馬親自負責「武器的收購和運送」。

應該有人覺得「好像貿易公司」，他就是貿易公司。

龍馬是「日本最早的貿易公司**龜山社中**」，也是「私設海軍」，如果不必顧慮修辭，可以說他組成了一個「反正就是很厲害的組織」。龜山社中向武器商人**湯瑪士・哥拉巴**購買槍枝和軍艦、運送到長州，再度為薩長之間開啟了融和之道。

而後，他所期望的**西鄉與木戶的會談，在京都實現**了。

龍馬因為各種緣故（聯合號事件），在會談中姍姍來遲。

他以為自己抵達時，薩長已經結為同盟、正在把酒言歡，結果他到了現場以後，

雙方沒有得出任何結論。

龍馬驚訝地追問木戶「這是怎麼一回事」。

木戶回答：

「薩摩十分歡迎款待我，卻沒有提到任何同盟的隻字片語，所以我也沒辦法主動談起。畢竟以長州現在的立場來看，請求同盟根本就是搖尾乞憐。」

繼續待下去也是徒勞，於是木戶開始準備離去。

龍馬非常激動。

「長州固然要顧及體面和尊嚴，可是，薩摩和長州要聯手才能拯救日本！難道不該為國家放下藩的私情、忍辱負重嗎！」

龍馬向木戶傾訴自己熱切的心思，還直接對西鄉開誠布公。

你要理解長州為難的立場，你應該也有自己的考量，但希望你們薩摩可以提出同盟

的建議，云云。

西鄉明白了龍馬的這番話，主動致歉，再度與木戶會面、提議兩藩結盟。

於是，龍馬、木戶、西鄉達成了共識，組成推翻幕府的軍事同盟「薩長同盟」。

電視劇裡都是這樣演的，這可能是大家對坂本龍馬和薩長同盟最普遍的印象吧。

沒錯，各位應該隱約察覺到了，傳統的龍馬形象和研究者解析出的龍馬形象，果然是有**差異**的。

首先，**「薩長同盟」並不是龍馬一個人想出來的點子**。

龍馬以外的所有人都考慮過要促使薩摩和長州融和，而且是薩摩的小松帶刀（薩摩藩家老）和西鄉隆盛在探索其中的可能性，並派遣龍馬前往長州。

「為什麼龍馬要接受薩摩藩的指使？」

或許會有人想這麼問，答案很簡單，當時的龍馬完全隸屬於薩摩藩。

勝海舟曾經幫幕府建立了一個「神戶海軍操練所（海軍士官養成機關）」，但這裡沒多久便光速關閉了。

原本待在操練所裡的脫藩浪士流離失所。

他們突然失去容身之地又無處可去，此時薩摩藩正好想要振興本國海軍，便接收了這群人。龍馬就是其中一員，所以受到薩摩藩的庇護。

因此，龍馬**根本不是「憑著自己的意志周旋在薩摩與長州之間的自由身」**。

接下來，用薩摩的名義購買武器的點子，也並非出自龍馬，而是木戶孝允。那龍馬做的是接受木戶的提案，去收購槍枝和軍艦嗎……

也並非如此。

他的確是接受木戶的提議去拜訪西鄉，但之後的動向不明。

「嗯？那長州就買不到武器了嗎？」

沒有，他們確實買到武器了。

關於購買名義這件事，是長州的伊藤博文和井上馨直接去當面拜託薩摩的小松帶刀，得到對方的允諾。

而在槍枝購買方面，不管有沒有龜山社中的成員仲介，都是由伊藤和井上直接向湯瑪士．哥拉巴購買。

「那龍馬率領的龜山社中到底做了什麼啊？」

這個問題的前提就錯了，

龜山社中並不是龍馬創立的，也不是什麼貿易公司。

追根究底，「龜山社中」是後世創造的名稱（不過他們似乎有取同伴的意思自稱為「社中」）。

實際上，龍馬本人寫給姊姊乙女的信件當中，提到自己與「社中」的近藤長次郎和高松太郎（坂本直）分頭行動。

最後要談的是「薩長同盟」。

要說雙方在龍馬到場以前什麼都沒有談……

怎麼可能。

木戶和小松、西鄉等人當然扎扎實實地協商了。

而他們爭論的是**「是否會遭到幕府處分」**。

小松和西鄉對木戶說：

「我們也反對長州征討，但就算沒有征討，幕府也會做出其他處分吧，所以你們要平心接受處分。」

但木戶卻回答：

「『三家老切腹』應該就算是處分了。」

堅持不接受幕府的其他處分。

此外，他還要求薩摩幫助恢復長州藩主父子的官位，以及長州藩的權力。

「我們必定會盡力協助長州復權，但你們要接受處分。」

「我們絕不接受處分，更重要的是請你們幫忙協調復權。」

「所以說我們會努力，但是處分……」

雙方在此事僵持不下，最後是薩摩做出了讓步。

「好吧，就算長州拒絕接受幕府的處分，我們也會當作不知情。」

後來，木戶孝允將這場會談的內容彙整成六條，簡單摘要就是：

「不論是否會發生戰爭（第二次長州征討），薩摩都會請求朝廷恢復長州的權力。」

因此在這個時候，他們還沒有談到「倒幕」相關的話題。

「薩長同盟」並不是「我們一起來推翻幕府吧！」之類的組織，所以大多數意見都認為「同盟」這個稱呼不太妥當。

木戶和小松等人之間的談判進行到某種程度後，隨著龍馬的登場而整合成薩長同盟，龍馬到場或許真的讓話題有所進展，但這個知名場面……

虛構的可能性極高。

不過，為薩摩和長州牽線的果然還是龍馬。

前往長州拜訪木戶、安排薩摩和長州直接會面的是龍馬。幕府得到長州征討的敕許（天皇許可）時，大久保利通曾在書簡裡寫道「絕不遵從無義之敕許」。是龍馬將書簡的複本送到長州，向長州藩解釋薩摩奮力阻止敕許、雖然天皇下了敕許卻決定抗命的心思和行動。

就算排除虛構的情節，龍馬依然是**日本史上屈指可數的談判高手**。

這麼說來，還有促成大政奉還的「船中八策」，這也是談論龍馬必定會提到的話題，那就麻煩河合老師講解了！

河合

這太強了！龍馬出類拔萃的經濟觀念

反正我就是喜歡龍馬！

看完房野這篇文章，總覺得好不爽啊。

我就是因為崇拜坂本龍馬才會一腳踏入歷史的奇妙世界，所以真不希望自己的夢想破滅啊。

請容我稍微談一下自己的經歷。

我國中念的在地學校校風十分混亂……所以我在國中二年級時看了電視劇《三年B組金八老師》以後，心想「如果學校有這種老師就好了，不然我來當吧」，於是下定決心成為教師。

高二時，我因為生病沒辦法繼續我最愛的社團活動，也沒有心力念書。有一天，我順路到車站的書店閒逛，發現一疊疊印刷成紅、藍、黃色的繽紛文庫本平放在架上，靠近一看，書名寫著《龍馬行》。

這就是司馬遼太郎的暢銷歷史小說，主角是我喜歡的金八老師敬愛的坂本龍馬，我拿起來看，結果感動得亂七八糟。這一刻，我決定在大學研究龍馬，將來要成為日本史老師。

我特別感動的地方，是龍馬「期望促使幕府將政權和平移交給朝廷（大政奉還）、達成無血革命」，所以在我讀到知野文哉先生的學說後，整個人驚愕失色。

因為，他斷定**「坂本龍馬並沒有寫下船中八策，船中八策是明治時代以後的龍馬傳記裡捏造出來的史料」**（《「坂本龍馬」的誕生 船中八策與坂崎紫瀾》人文書院）。

龍馬的粉絲應該都知道船中八策（新政府構想），不過我還是要為不知道的人簡單介紹一下。

船中八策完整列出了透過大政奉還建立朝廷政府、開設議會並實行議會政治、政府的人才任用方針、開國和親的方針、改正不平等條約、制定憲法、設立近代海軍、創造新政府的軍事力，這些後來由明治政府執行的策略方向。每一條都不是由龍馬獨創，不過這八策合體形成協調的政權構想，實在精妙。

所以，土佐藩的重臣後藤象二郎在船中聽到龍馬的這個提議，才會興致勃勃地突然開始為了實現大政奉還，而積極投入幕府的政治工作。此外，船中八策也影響了明治政府的五條御誓文和自由民權運動。

結果這居然是捏造的史料……

就算沒有船中八策……

不過仔細閱讀知野先生的學說以後，我只能遺憾地接受事實。詳情請大家一定要去閱讀《「坂本龍馬」の誕生 船中八策と坂崎紫瀾（「坂本龍馬」的誕生 船中八策與坂崎紫瀾，暫譯）》這本書。

簡單來說，就是沒有人找到龍馬要求同志長岡謙吉寫的船中八策原文，土佐出身的坂崎紫瀾是在寫於明治18年的龍馬傳記《汗血千里駒》裡才首度登場的人物。所以船中八策，可能是坂崎等土佐人虛構出來的情節……

大家應該都知道，一八七三（明治6）年的政變，讓土佐藩的板垣退助和後藤象二郎等人離開政府、轉為在野立場攻擊政府（自由民權運動）。

只要換個角度來看，就會發現這代表土佐閥（土佐藩的派閥）在政府內部失勢了。薩摩有西鄉隆盛，長州有木戶孝允。所以，**土佐藩為了宣揚「我們可是出了坂本龍馬這個超強的傢伙」，後來才捏造出船中八策**的可能性不低。

對身為龍馬粉絲的我來說，這是繼薩長同盟之後最震驚的事。

不過，知野先生也說過，「儘管船中八策是虛構，但這並不意味著龍馬沒有向後藤建議推動大政奉還，也不意味著船中八策裡的國家構想與龍馬無關。說得極端一點，即使沒有船中八策，龍馬還是可能曾經『口頭』向後藤建議了完全相同的東西」（前書）。

實際上，龍馬在大政奉還後的一八六七（慶應3）年十一月，寫下**「新政府綱領八策」**，雖然內容比船中八策還簡素，但意思幾乎相同。也就是說，龍馬就算在大政奉還以前就有相同的構想、並且曾對後藤訴說也不奇怪。

我誠摯希望今後可以發現船中八策的原文史料。

龍馬運用經濟打造新社會

總覺得在最後這一節，讓龍馬粉絲大失所望了呢。要是就這樣結束的話，喜愛龍馬的我也會過意不去，所以容我再多談一點吧。

我想談的是，縱使龍馬在薩長同盟的成立過程中並未親自出席，也未親自撰寫船中八策，**「龍馬還是非常厲害」**。

他是哪裡厲害？接下來我想講的，是龍馬不同於其他志士，擁有出類拔萃的經濟觀念。

從他取得土佐藩的後援而組成的海援隊規定（規約）即可見得。

海援隊是除了浪人以外，凡是關心海外的人也都可以加入的罕見組織。規約的目的當中，明記了**「不僅是對土佐藩的支持和海運業，土地開發、投機事業同樣須不擇手段**

獲取利益」。實際上他們也從事出版業，發行過和英詞典等好幾本書，儼然是採取**多元化經營**。

尤其龍馬曾經在寫給熟人的信中談到，開拓蝦夷地（北海道）是他多年的夢想，如果他能夠活到明治時代，肯定會去那裡經營美式大型農場吧。

後來創立了三菱財閥的岩崎彌太郎（土佐藩的貿易組織・土佐商會的負責人，專為海援隊支薪），在長崎與龍馬成為肝膽相照的夥伴（打開心房互相理解的情誼）。

彌太郎在日記裡寫道，有一天他提起自己的素志（從小的志向）時，龍馬曾經拍手叫好。

他應該聽過龍馬詳細談論海運業和投機事業的話題吧，肯定也把這些運用在經營三菱企業了。

此外，龍馬在一八六六（慶應2）年十一月，與薩摩藩的財政負責人五代才助，以及長州藩的實力人士廣澤兵助共同策劃，在馬關（下關）成立薩長合併公司（由多人共同經營的公司）。這家公司的業務內容令人吃驚。

他們打算扣押通過關門海峽的船隻，徵收通行稅。瀨戶內海是經濟的大動脈，集運到大都市「大坂」的貨物多半都是用船通過關門海峽運送而來，船隻的數量難以計數。就算每艘船只徵收低廉的通行稅，累積起來也是莫大的金額。

但是，聽到這個傳聞的貨運業者大力反對，加上龍馬忙著創設海援隊，導致這家公司自然倒閉。儘管如此，**這個想法仍十分創新**。

龍馬還在一八六七（慶應3）年十月給後藤象二郎的信件裡，寫道「把江戶的銀座遷到京都，就不足以畏懼幕府」，**建議從幕府手中奪走貨幣鑄造權**。

而且，他還**主張土佐藩應當像薩摩藩一樣偽造通貨**。究竟有哪個志士敢考慮這種驚人事呢。

龍馬公認的創舉，就是在新政府成立前夕，慶應3年十一月推行的**金札發行計畫**。金札是指能用來交換黃金的紙幣（兌換紙幣）。龍馬拉攏精通經濟的越前藩三岡八郎，試圖發行大量紙幣來搶占幕府的貨幣鑄造權。

雖然這項計畫因為龍馬的死而未能實現，不過三岡在明治維新後改名為由利公正，以政府的財政大臣身分，向富商募得三百萬兩來發行金札，奠定了政府的財政基礎。

由此可見，龍馬比任何人都要了解經濟的重要，嘗試透過經濟來打造新社會。不知道大家聽了有何感想呢。

坂本龍馬果然還是很厲害，對吧？房野！

後記

感謝各位讀者看到最後。

我想大家應該都心滿意足了吧。

這是我第二次跟別人合著，而且是睽違二十六年、四分之一個世紀了。不過，上次我跟另一位作者是分別撰寫不同的章節，沒有在文章裡互動。所以，這次能像回信一樣寫書，著實是個珍貴的體驗，我非常享受。

但是，熟知歷史的人應該都知道，江戶時代的寺子屋教科書，就是以這種信件往來的形式寫成的，稱作往來物，其中最具代表性的基本教科書就是《庭訓往來》。

其實，本書即是依照這種傳統的教科書形式寫成，所以一定能夠刺激各位讀者的潛在基因、順暢地閱讀下去吧。

這本書最想告訴大家的是，歷史並非亙古不變，而是會隨著研究逐步更新。解明一件歷史事實的背後，有研究者辛勤的努力。因為他們需要鑽研先行的研究內容、尋找新的史料，並且踏實地解析新史料與先行研究之間的差異。

這些成果會以論文的形式發表在學術期刊上，不會受到大眾矚目。論文預設是給研究者閱讀的文章，所以使用了許多專有名詞，佶屈聱牙，怎麼讀也看不懂。

雖然近年為一般大眾寫書的青年研究者愈來愈多，但依然算是少數，而他們的讀者都是相當精通歷史的內行人。

於是我把門檻降得更低，焦點放在「對歷史有點興趣、偶爾會看大河劇和時代劇」的讀者群上，一路持續書寫。

但是這本書不一樣！

就算是對歷史毫無興趣的小孩到老人，也能看得津津有味，會在歡笑與驚奇之中流暢地讀下去。

而且，各位應該都在閱讀的過程中，吸收了最新的歷史資訊吧。到目前為止應該沒有哪一本書，可以將日本史簡化得如此清楚易懂。

能夠寫出這樣的書，都要衷心感謝搞笑藝人兼歷史作家的房野史典先生輕妙的文筆，多虧有他這位才華出眾的作者。

但他不是只有才華。

偷偷告訴各位，其實房野他花了很長的時間，再三推敲才寫出了這些文章。出版企畫成立後，責任編輯財津勝幸先生是在二〇二〇年二月聯絡了我。沒錯，這本書花了整整兩年才完稿喔！

房野在這段期間，一定每天都為了怎麼寫得更簡單易懂而奮鬥。我希望是如此，就讓我這麼認定吧！

話說財津編輯，你居然能等上兩年呢。我早就把這個企畫忘得一乾二淨了。

於是直到去年十二月下旬，房野終於完稿了。

相較之下，我在新年連假的十天內就寫完剩下的稿子（字數相當驚人）。可能很多人看到這裡，會想說「你是隨便寫寫的吧」。當然我也很想花時間慢慢寫，可是沒辦法啊，誰叫出版社在網路上公告說「二月即將出版」呢！

「我還沒寫完欸，搞什麼東西啊～！」

我跟房野抱怨以後，這個人居然在推特上開始宣傳：

「好耶！我要出新書囉!!第一次合著的書！是跟河合敦老師!!明年出版！現正火熱預購中!!」

有夠過分。太過分了。

我這簡直是背水一戰啊。

結果，我有生以來第一次在趕稿中過年。不過各位請放心，我完全沒有偷工減料，反而在火燒屁股中寫出了很棒的文稿。我自己是這樣覺得。

本書就是這些汗水與淚水的結晶。

如果你能在知道這些祕辛後再讀一次這本書，肯定會有截然不同的感想。

二〇二二年二月　河合　敦

参考文献

●書籍

『逆転した日本史〜聖徳太子、坂本龍馬、鎖国が教科書から消える〜』河合敦／扶桑社新書
『繰り返す日本史　二千年を貫く五つの法則』河合敦／青春新書インテリジェンス
『日本史の論点　邪馬台国から象徴天皇制まで』中公新書編集部 編／中公新書
『新もう一度読む山川日本史』五味文彦、鳥海靖・編／山川出版社
『国史大辞典』吉川弘文館
『一度読んだら絶対の忘れない日本史の教科書』山﨑圭一／ＳＢクリエイティブ
『〈聖徳太子〉の誕生』大山誠一／吉川弘文館
『源頼朝と鎌倉』坂井孝一／吉川弘文館
『蒙古襲来絵詞と竹崎季長の研究』佐藤鉄太郎／錦正社史学叢書
『戦争の日本中世史　「下剋上」は本当にあったのか』呉座勇一／新潮選書
『陰謀の日本中世史』呉座勇一／角川新書
『戦国誕生　中世日本が終焉するとき』渡邊大門／講談社現代新書
『戦国大名・伊勢宗瑞』黒田基樹／角川選書

●参考文獻

『図説 戦国北条氏と合戦』黒田基樹／戎光祥出版
『天下統一　信長と秀吉が成し遂げた「革命」』藤田達生／中公新書
『フロイス日本史』ルイス・フロイス／訳・松田毅一、川崎桃太／中央公論社
『織田信長　戦国時代の「正義」を貫く』柴裕之／平凡社
『織田信長　不器用すぎた天下人』金子拓／河出書房新社
『信長研究の最前線　ここまでわかった「革新者」の実像』日本史史料研究会 編／洋泉社歴史新書ｙ
『信長研究の最前線2　まだまだ未解明な「革新者」の実像』日本史史料研究会 監修　渡邊大門 編／洋泉社歴史新書ｙ
『秀吉の虚像と実像』堀新、井上泰至 編／笠間書院
『秀吉神話をくつがえす』藤田達生／講談社現代新書
『新解釈 関ヶ原合戦の真実　脚色された天下分け目の戦い』白峰旬／宮帯出版社
『天下分け目の関ヶ原の合戦はなかった』乃至政彦、高橋陽介／河出書房新社
『関ヶ原合戦と大坂の陣（戦争の日本史17）』笠谷和比古／吉川弘文館
『大坂落城 戦国終焉の舞台』渡邊大門／角川選書
『徳川家康　境界の領主から天下人へ』柴裕之／平凡社
『徳川家康』二木謙一／ちくま新書

『徳川将軍15代　264年の血脈と抗争』山本博文／小学館101新書
『TOKUGAWA15　徳川将軍15人の歴史がDEEPにわかる本』堀口茉純／草思社
『ヘッポコ征夷大将軍』長谷川ヨシテル／柏書房
『徳川吉宗　日本社会の文明化を進めた将軍（日本史リブレット人051）』大石学／山川出版社
『大坂堂島米市場　江戸幕府VS市場経済』高槻泰郎／講談社現代新書
『田沼意次　御不審を蒙ること、身に覚えなし（ミネルヴァ日本評伝選）』藤田覚／ミネルヴァ書房
『田沼意次「商業革命」と江戸城政治家（日本史リブレット人052）』深谷克己／山川出版社
『幕末・維新　シリーズ日本近現代史①』井上勝生／岩波新書
『幕末史』佐々木克／ちくま新書
『井伊直弼　幕末維新の個性6』母利美和／吉川弘文館
『ハリス（人物叢書）』坂田精一／吉川弘文館
『新説の日本史　古代から近現代まで』河内春人 亀田俊和 矢部健太郎 高尾善希 町田明広 舟橋正真／SB新書
『坂本龍馬』松浦玲／岩波新書
『新説 坂本龍馬』町田明広／集英社 インターナショナル新書
『坂本龍馬と高杉晋作「幕末志士」の実像と虚像』一坂太郎／朝日新書

●教科書

『新編　新しい社会6上』佐々木毅、岩田一彦、谷川彰英（ほか40名）／東京書籍
『新編　新しい社会　歴史』坂上康俊、戸波江二、矢ケ崎典隆（ほか49名）／東京書籍
『中学社会　歴史　未来をひらく』久留島典子（ほか28名）／教育出版
『社会科 中学生の歴史』黒田日出男（ほか10名）／帝国書院
『詳説日本史 改訂版［日B309］』笹山晴生、佐藤信、五味文彦、高埜利彦（ほか12名）／山川出版社（本書の本文では『詳説日本史B』と表記）
『新選　日本史B』尾藤正英（ほか7名）／東京書籍
『日本史B 新訂版』脇田修、大山喬平（ほか13名）／実教出版

【作者簡介】

河合 敦

1965年生於東京都町田市。

青山學院大學文學部史學科畢業，早稻田大學研究所博士課程學分修畢（主修日本史）。曾任教於都立紅葉川高中、都立白鷗高中、文教大學附屬高中，現為多摩大學客座教授、早稻田大學兼任講師。著有《早知道就讀這本・圖解日本史》（商周出版）、《殿様は「明治」をどう生きたのか》（扶桑社文庫）、《逆転した日本史》（扶桑社新書）、《渋沢栄一と岩崎弥太郎》（幻冬舎新書）、《日本史は逆から学べ》（光文社知恵之森文庫）等多本著作。另外也在「歷史探偵」（NHK）、「世界一受けたい授業」（日本電視）、「日本史の新常識」（BS富士）、「にっぽん！歴史鑑定」（BS－TBS）、NHK廣播「ごごカフェ」等節目中演出，並參與「ぬけまいる～女三人伊勢参り」、「大富豪同心」等NHK時代劇的時代考證工作。

［得獎經歷］

第17屆鄉土史研究獎優秀獎（新人物往來社）

第6屆NTT TALK大獎優秀獎

2018、2021年雜學文庫大獎（啟文堂主辦）

房野史典（Bouno Fuminori）

1980年生於岡山縣。名古屋學院大學畢業。

在搞笑雙人組「Broadcast!!」中負責吐槽。

對戰國的愛無與倫比，組成歷史迷諧星團體「Rokumonger」，積極從事推廣歷史的活動。為孩子傳達歷史趣味的課程（YouTube「STUDY FREAK」）也大受好評，深受歷史專家的信賴。

著有《笑って泣いてドラマチックに学ぶ 超現代語訳 戦国時代》、《笑えて、泣けて、するする頭に入る 超現代語訳 幕末物語》、《13歳のきみと、戦国時代の「戦」の話をしよう。》（以上皆為幻冬舎）、《時空を超えて面白い！戦国武将の超絶カッコいい話》（三笠書房）。

日本史新解

超現代語譯的歷史奇遇

出　　版／楓樹林出版事業有限公司
地　　址／新北市板橋區信義路163巷3號10樓
郵政劃撥／19907596　楓書坊文化出版社
網　　址／www.maplebook.com.tw
電　　話／02-2957-6096
傳　　真／02-2957-6435
作　　者／河合敦、房野史典
翻　　譯／陳聖怡
責任編輯／吳婕妤
內文排版／謝政龍
港澳經銷／泛華發行代理有限公司
定　　價／400元
出版日期／2025年1月

國家圖書館出版品預行編目資料

日本史新解：超現代語譯的歷史奇遇 / 河合敦、房野史典作；陳聖怡譯. -- 初版. -- 新北市：楓樹林出版事業有限公司, 2025.1　面；公分

ISBN 978-626-7499-57-3（平裝）

1. 日本史

731.1　　113018367